高中语文教学与教育思维创新

李希艳　张海莲　王志强◎著

线装书局

图书在版编目（CIP）数据

高中语文教学与教育思维创新 / 李希艳，张海莲，王志强著. -- 北京：线装书局，2023.8
　　ISBN 978-7-5120-5595-7

Ⅰ. ①高… Ⅱ. ①李… ②张… ③王… Ⅲ. ①中学语文课－教学研究－高中 Ⅳ. ①G633.302

中国国家版本馆CIP数据核字(2023)第148929号

高中语文教学与教育思维创新
GAOZHONG YUWEN JIAOXUE YU JIAOYU SIWEI CHUANGXIN

作　　者：	李希艳　张海莲　王志强
责任编辑：	白　晨
出版发行：	线装书局
地　　址：	北京市丰台区方庄日月天地大厦B座17层（100078）
电　　话：	010-58077126（发行部）010-58076938（总编室）
网　　址：	www.zgxzsj.com
经　　销：	新华书店
印　　制：	三河市腾飞印务有限公司
开　　本：	787mm×1092mm　　1/16
印　　张：	9.5
字　　数：	225千字
印　　次：	2024年7月第1版第1次印刷

线装书局官方微信

定　　价：68.00元

前　言

　　高中是语文教育的核心阶段，语文不但是学习其他科目的基础，更是对我国五千年来传统文化的传承，从音、形、义到字、词、句，再从诗词歌赋到名人名著，这些都是高中语文教学的内容。因此，教师在高中语文的教学的过程中加强对授课的思索与创新，改变传统单方面进行知识输出的教育模式，增强学生的知识探究能力和分析能力，更好地促进学生的独立学习能力的培育。基于此，本书内容立足于高中语文教学理论与实践，总结创新式教学策略。

　　本书共分为六章。第一章概述了语文教学的性质、特点以及使命，探究语文是"语言""文字"与"文章"的统一，分析高中语文课程之间的教学要点、内容等；第二章研究了高中语文教学的创新意识，探究语文教学创新的本质以及创新意识培养的作用、途径；第三章研究了高中语文教学的创新策略，分析语文教学的兴趣激发、沟通交流对教学的积极影响；第四章论述了高中语文教学的有效途径，具体内容包括语文合作学习、自主学习以及导入学习；第五章论述了高中语文教学的课前规划，研究语文教学课前筹备与课前预习对授课的作用；第六章探讨了高中语文教学比较法的思考，分析语文教学比较法的要求以及实践等相关内容。

　　作者在撰写本书的过程中，做了充足的实践调研，通过详细的资料素材分析了近年来高中语文教学的实际情况。作者在撰写本书的过程中，参考了很多优秀专家学者的书籍和案例，并引用了语文教育教学领域知名专家学者们的成熟理论和观点，借鉴了专家学者们的图书专著、期刊论文等资料，书中大部分资料来源已在书后参考文献中列出，但由于篇幅有限以及文献来源准确性的问题可能导致文献有遗漏，在此谨向这些文献的作者均表示衷心的感谢与敬意。

编委会

王倩华　汝彬彬　刘洪波

饶俊凯　翟　月　张　新

曹启春　南文敏　陈丽云

史厚猛

目 录

第一章　高中语文教学概述 (1)
第一节　语文教学的性质 (1)
第二节　语文教学的特点 (4)
第三节　语文教学的使命 (8)

第二章　高中语文教学的创新意识 (14)
第一节　语文创新意识概述 (14)
第二节　语文创新意识培养的作用 (18)
第三节　语文创新意识培养的途径 (23)

第三章　高中语文教学的创新策略 (30)
第一节　语文教学的兴趣激发 (30)
第二节　语文教学的沟通交流 (38)

第四章　高中语文教学的有效途径 (48)
第一节　语文合作学习 (48)
第二节　语文自主学习 (65)
第三节　语文导入学习 (81)

第五章　高中语文教学的课前规划 (106)
第一节　语文教学课前筹备 (106)
第二节　语文教学课前预习 (121)

第六章　高中语文教学比较法的思考 (135)
第一节　语文教学比较法的要求 (135)
第二节　语文教学比较法的实践 (142)

参考文献 (150)

第一章　高中语文教学概述

第一节　语文教学的性质

语文是"语言""文字"与"文章"的统一，是人们交流思想，传递信息，获取知识技能不可或缺的手段。由此可见，语文的工具性、人文性和综合性便成为它的本质属性，包括高中语文。

一、工具性

工具性是高中语文的基本特征，在进行高中语文教学时，教材发挥着较为重要的作用。教师按照课程要求设计教学内容，使教学具有一定的科学性，从而使高中语文课程体现出工具性的特点。由于语文具有较强的实践性，在生活、学习中被广泛应用，并且还具有向其他科目渗透的趋势，因此，获取知识、养成良好的学习习惯是开展高中语文教学工作的主要目的。例如：学生学习过诗歌部分的内容之后，就能够了解对仗、押韵等诗歌特点，并能够在写作时应用这样的诗句，进一步提高语文应用能力。另外，良好的语文习惯是通过大量练习得来的，练习时主要依托的是语文教材，所以，语文教材便为高中语文教学工作提供其重要依据。

语文教材具有德育能力，学生在学习中能够形成良好的人生观、价值观和世界观，并对人格品质的形成有一定的影响。由于教材内容中具有爱国主义色彩，学生学习这一类文章能够形成爱国情怀，其能够发挥出工具性的作用，激发学生的爱国感情，感受中华文化。另外，高中语文中不少文章蕴含丰富的哲理，学生在学习中能够了解为人处世的方式，并能够发挥教材的人生指导意义，提高教学的有效性。语言作为交流的工具，其内容具有大量的信息和知识，高中语文作为一门语言类课程，能够潜移默化地影响学生的文学能力，使学生能够在提高文学能力的同时，启迪思想智慧。在教学的过程中，传统文化的弘扬和人文精神的塑造也是通过高中语文的工具性而实现的。例如：教师在带领学生进行写作练习时，学生会应用文字将自己的真情实感表达出来，鉴别假丑恶，弘扬真善美，使学生的语文综合能力得到进一步提高。

高中语文教材中的内容十分丰富，怎样才能转化为学生的能力，还需要教师在教学中对课程内容进行合理分析整理，为不同需求者提供思想文化与语言技巧的丰富内涵与取向标准。但能否顺利实现工具性所体现出的文化与技巧功能，还取决于学生本身的兴趣爱好与教师实施的方式方法。由于高中生的语文综合能力参差不齐，传统的教学方法会按照大部分学生的学习能力进行教学，导致部分学生语文成绩得不到提高，甚至失去了学习兴趣。为了合理利用语文教材，教师需要先了解学生的语文综合实力，并使用适当的方法进行教学，引导学生进一步了解语文课程，使学生逐渐树立正确的审美意识。另外，在教学的过程中，教师会对优秀作品进行重点讲解，使学生能够潜移默化地提高语文综合素养，教师在教学中有针对性地对学生进行指导，能够帮助学生感受高中语文中的美，使之树立健康的心灵，掌握生动形象的语言表达技巧，从而发挥出高中语文课程的工具性作用。同时，教师在授课时，还需要先了解教材的整体结构，并根据教学需求设计教学内容，保障教学工作能够满足不同学生的发展需求。但由于部分教师对这一工作的重视程度不够，没有丰富教学内容，导致高中语文教材没有发挥出工具性的作用，为了改善这一现状，需要提高教师的教学水平与重视程度，并根据学生的兴趣爱好、学习情况合理设计教案，使语文教学工作达到培养全面人才的作用。

二、人文性

人文性能够体现出人类文化精神，是文化精神和价值理想的统一。人文精神是以积极的价值信仰确定生命的意义，以正确的伦理观念培育人际关系，以崇高的理性精神探索存在的规律，以自觉的公民意识参与社会事务，以坚定的文化自信传承民族传统，以高尚的审美理想创造美的世界。人文性的内涵是将真善美作为核心价值追求，推动人类文明进程发展。大部分高中语文教材在编写时将汉语言文学的发展历史、民族文化等内容融入其中，使语文具有特定的人文性，学生在学习时，能够感受到文章内容中的文化内涵，促进学生形成健全的人格品质，达到高中语文教学的目的。另外，高中语文课程内容中包括大量的历史、文化、哲学等文章，学生在学习时能够感受到中华文化的博大精深，能够满足学生的学习需求，进一步提高其语文综合能力。由于学习高中语文教材的教学对象为非中文专业的学生，部分学生对语文课程的兴趣不高，为了达到教学的目标，需要教师以提高学生整体文学素养为教学目的，对学生进行诱导教学，带领学生从多角度对优秀作品进行分析，使其能够感受文学作品的魅力，并得到感悟和熏陶。例如：在设计语文教学课程时，教师可以将文本中的人文特性进行分类，如仁爱、乡愁、自然等，通过这样的方法进行分类，学生能够同时学习到不同类型的作品，并激发学生内心的情感，强化学生对主题的认知。

语文教育是指导学生学习中华文化的主要活动，语文教材在编写时为了达到素质培养的要求，按照文体结构形式进行分类，例如：徐中玉通用教材分为十二个单元，学生在学习这一教材内容时，能够快速了解不同单元的结构模式、主体内容，使单元主题结构具有人文性特点，进一步提高学习效率；夏中义版的教材以人文性为主线，将课程内容分为十六个单元，为每个单元设计一个主题，并在文章之后增加相关链接，达到丰富学生语文综合能力的目的，达到培养人文素养的目的。另外，部分教材在编写时按照文学结构进行编写分类，如：彭光芒版的教材按照发展顺序进行分类，使学生在学习时能够进一步了解文史知识，由于这一形式的教材较为系统，并具有人文性，能够帮助学生了解不同时期语文的发展情况，进一步提高语文教学效率。学生在进行学习时不仅能够提高其写作、表达能力，还能够通过文学作品提升民族认同感，使其了解中华文化中的人文性。

语言作为重要的思维工具，具有五千年的历史文化，是中华儿女的根。高中教育对个人的思维发展有一定的影响，由于高中语文教材中具有人文性的特点，能够承载其他教育意义，但由于部分教师对引导学生学习民族文化的重视程度不高，导致语文教学降低了有效性。为了改善这一现状，需要教师提高重视程度，并按照教材内容、设计方式进行教学引导，进一步提高学生的民族感，使学生成长为具有民族根的人，达到开展高中语文教育的目的。另外，由于高中语文教材在编排时按照不同类型进行整理，能够提高学生的语文综合能力。但部分学生在学习一段时间后，会产生枯燥感，为了改善这一现状，提高语文教学的有效性，需要在教学时按教材结构合理设计课程，提高学生的学习兴趣，发挥出高中语文中人文性的特点。

三、综合性

学生在高中阶段主动进行语文课程知识的学习，并成为学习的主导者与实施者，知识面不断拓展，综合素养不断提升，这一过程能够体现出高中语文的综合性。语文学科中的内容多样化的特点，使学习这一内容能够达到文化传承的目的，升华学生的精神文化。高中语文学科具有教育职能，教材内容包括文化、文学、哲学、历史、宗教等综合性内容，从文学的角度对高中语文教材进行分析，能够发现其中存在大量经典文学作品，使教材内容呈现出传统文化精髓。由于中国古代的道家、儒家思想对文学有一定的影响，部分经典作品能够体现出儒家思想，进而学生在学习时，能够感受到天人合一，发挥出高中语文教材的综合性特点。另外，由于传统思想文化在今天依然具有较为重要的意义，进而在高中阶段学习语文时，能使学生接受到传统文化的熏陶感染，提升自身语文综合能力。加之教师合理使用语文教材内容，结合历史文化的拓展引领，更能体现出高中语文综合性优势。

由于中华传统文化将人生境界与审美境界联系起来，文学作品能够传达出这一内容，高中生在进行语文学习时，能够感受到作品中的魅力，发挥出作品的优势。教师在进行课程内容讲解时，将文学作品内容含义延伸到社会生活中，达到精神文化传承的目的，发挥出语文教材综合性的意义。此外，教师在进行教学时，为了使学生进一步了解文本含义，会在讲解时引入实例，并创建相关的文学情景，提高学生的民族情感，帮助学生树立正确的人生态度，提高教学的有效性。高中语文课程具有不同的特点，并且语文教育的目的是育人，进而在进行教学设计时，需要对课程内容特点进行统一，并使用适当的方式进行教学，发挥出语文课程综合性优势。语文是一门综合性较强的学科，良好的文本分析能力能够提高其他课程的学习效率，直接影响其他课程的学习质量。人们生活、工作中都需要应用语文，高中生虽然在先前学习阶段接受了12年的语文教育，但为了推动学生进一步发展，为今后的工作奠定良好的基础，需要在高中阶段继续学习语文。例如历史中具有重大成就的科学家，不仅专业领域较优秀，还具有较强的文学鉴赏能力与良好的文字表达能力，保障其能够应用合适的言语表达研究成果，从而体现出语文的综合性和重要性。另外，学生在进入社会工作时，需要用语言陈述自身观点，表达自己的不同见解，可以说学习、工作、生活方方面面语文知识无处不在，缺一不可。一个能说会写的人无论在哪个行列都会受到重用，考察一个人的综合素质少不了必要的语文知识。部分教师在教学的过程中，为了提高学生的语文综合能力，在教学时将教学内容进行完善，并将其他知识内容与教材进行融合，进一步提高教学质量，体现出高中语文综合性特点。

第二节　语文教学的特点

一、知识结构的整体性

高中语文课程之间的教学要点、内容等部分存在一定的联系，并形成相对独立的体系，包含了大量的语言、文学、哲学、历史、宗教、道德等知识，这一具有系统性的教材为高中语文教材。应用这一课程设计教案、课时，能够将总体学习目标与阶段性目标联系起来，从而体现出高中语文的整体性特征。虽然高中语文教材具有不同版本，并且编者不同，教材结构划分、重点内容设计存在差异，但其知识结构整体性的特点是无法或缺的。

高中阶段的语文教学时间较为灵活，可以贯穿整个高中课程体系中，虽然学生具有一定的语文学习基础，但大部分学生对语文综合知识了解不深，提升不够，为了提高教学的有效性，使教材知识结构具有整体性，大部分教材编写人员将课程内容按照结构类型进行分类，教师能够有针对性地进行课程讲解。例如：在学习散文时，教师会根据教材知识结构引导学生总结散文的特点、写作手法等内容，并引导学生自主创作，达到提高学生写作能力的目的，推动语文教学工作进一步发展，达到提高学生综合能力的目的。虽然运用这样的方法进行教学能够提高教学整体性，但部分教材中缺乏主题，课文之间的联系不强，教师在进行教学工作时，需要浪费较长时间整理教学内容，降低了备课效率，因此，教材的改进仍需加大力度以实现知识结构的科学性。

高校学生在学习高中语文内容时，由于大多数学生为非文学专业学生，语文综合能力不高，甚至存在语文知识短缺的现象，在按照知识结构进行教学时，为了提高教学有效性，发挥出知识结构的优势，教师需要在教学之前对这一部分整体结构进行分析，并为课程设定主题，使学生在教学中能够了解教学重点内容，进一步提高教学有效性。另外，由于部分学生对于古代文言文的学习兴趣不高，如果教材按照文学类型进行分类，会出现一段时间学生学习兴趣不高的问题。为了既避免这一问题发生，又使知识结构具有整体性，需要在课程结构设计时，将文章类型进行穿插，使一单元中既具有古代文又有现代文，调动学生的学习积极性，进一步提高教学有效性。在针对不同专业开设高中语文教学时，需要提高知识结构的整体性，并明确结构类型，根据学生的喜好进行设计，通过这样的方法设计教学内容，能够使学生转变对语文课程的态度，提高语文课程学习积极性，促进高中语文教学工作进一步发展。

高中语文课程教学的主要目的为培养学生的创造性思维，在教学时，教师会引导学生积极思考，并鼓励学生提高学习积极性，提高教学有效性。在教学过程中，教师可以设计开放性答案的问题，并引导学生进行整理，进一步提高教学的有效性，促进学生思维能力发展。

二、文选内容的经典性

高中语文的课程性质和学科定位，是高中语文课开设以来一直讨论的中心话题。与中学语文的区别，在高校学科系统中的地位，学生知识构成中的作用等，成为准确把握高中语文教学所要解决的前提。高中语文选文中具有的工具说、文学说、美育说、文化说、人文说、思想教育作用等功能，能够达到情感陶冶的目的，并发挥出选文的经典性。开设高中语文教育的主要目的为提高高中生的文化素质，在其中融入大量经典选文，不仅能够满足时代发展的需求，还能够体现出时代价值与社会意义，通过这一阶段的教育，高中生能够熟悉和掌握传统经典，达到素质教育的目标。并且高中阶段语文教学内容较为重要，能够推动学生进一步提高自身综合能力，但部分高中目前使用的教材为通用本，由于使用时间过长，其中内容大都为古代文学作品，虽然这些内容较为经典，但由于部分学生对语文学习兴致不高，教材内容难以满足学生个体学习需求，导致课堂与学生之间存在一定的距离感，降低了学生的学习兴趣。学生在学习中对小说类的作品较为感兴趣，为了提高教学的有效性，需要教师引入经典作品的同时，融入现代优秀作品。

在教学改革不断推进的背景下，高中语文教学为了能够进一步发展，在选择教材时对选文内容进行了分类整理，并按照学生的喜好选择教学内容。由于高中语文教材编写人不同，其编写思路、编写想法存在一定的差异，在其中应用的选文经典性不同，发挥出的有效性也存在差异，

由于高中生已经接受较长时间的语文教育，并已经形成了一定的文学素养，具备文章分析能力，但高中阶段的语文教育的主要目的是为进一步提高学生综合能力，教材中部分内容难以满足学生的学习需求，为了能够进一步提高教学的有效性，需要教师在授课之前对教材内容进行整理，并删掉部分不够经典的文本，引入能够满足教学需求的文本，提高教学质量。另外，由于部分教师的语文综合能力不强，文学积累不足以丰富教材内容，为了改善这一现状，发挥出语文教材的优势，需要教师共同努力提高自身语文水平，加强教学信息反馈，改进教学方法，提高教学有效性，推动教学工作进一步发展。

三、人文精神的隐含性

高中教育具有人文素质教育的责任，进行人文教育能够使学生了解到人生的价值与自由意识，我国人文教育在发展中经历了化民成俗、转识成智的过程，并不断丰富人文精神，进而高中语文教学具有培养健全人格的目的。高中语文教材对教学质量有一定的影响，但由于部分教师对课程人文性的重视程度不高，导致课程中存在古文过多、课文含义分析不深刻的问题，导致教学缺乏有效性。为了改善这一现状，发挥出课文人文精神的影响力，需要在备课时了解课文的含义，并设计教学内容。例如：为了达到提高教材整体质量，并提高学生学习兴趣的目的，需要将诗词、散文、戏曲中的人文性进行分析，并进行分类整理，使学生能够在学习中提高语文综合能力，发挥出高中语文课程的有效性。为了提高教材内

容的人文精神，需要在设计时引入大量的古代文学作品，提高教材设计的有效性。高中语文课程具有基础性的特点，高中阶段需要学习这一课程的学生为理科生，其对于中国历史文化了解不足，进而在教学时，存在难以提高学习兴趣的问题，为了改善这一现状，可以在教材中增加科技说明文，将形象思维与抽象思维有机结合，让学生提高对其他领域的了解程度，进一步提高教学的有效性，提高学生的学习兴趣。

高中语文课程能够帮助学生了解社会，为从业后的工作奠定良好的基础，进而在设计课程内容时需要选择贴近生活实际的内容，使教学具有一定的时代感。例如：教师可以在设计教案时，将生活中的人文精神实例与文本联系起来，并按照学生的个性爱好选择篇幅小内容精练的文章，在教学时教师加以引导，使学生感受人文精神中的隐含性，发挥出高中语文教育的意义，提高教学有效性。在网络快速发展的今天，网络作品质量不断提高，学生对其关注度较高，为了提高学生对课堂的关注度，可以在设计教学内容时适当将网络作品融入其中，引导学生分析作品优劣，提高学生对作品人文精神的了解程度，促进学生进一步提高语文综合能力。另外，应用这一方法设计教学内容能够引导学生关注社会生活，并产生一定的感悟，达到高中语文教学的目的。

四、表达方式的审美性

高中语文教材将语言文学、文化知识进行整理，包含一定的思想文化内涵，并且高中语文课程为传播知识的载体，其结构本身与人的审美相符合，使学生能够进行情感交流。语言是人类沟通的重要工具，能够将自身的想法进行传达表述，随着中华历史的不断发展，语文课程内容不断完善，无论诗歌、散文、小说、戏曲，无论叙事论理，写景抒情，都不乏美文美句，对高中生健全人格的塑造会起到直接的影响。并且由于高中语文的教学对象为非中文专业的学生，虽然其对教材难度需求不高，但需要更进一步提高自身总体的文化素养，为其他科目的学习理解提供基础。教师在教学的过程中，需要提高引导力度，使学生能够通过学习优秀作品，提高课文审美感悟能力，并得到熏陶感悟，推动高中语文教学工作进一步发展。

语文教育是学习祖国语言的方式，这一行为具有人际交往、文化传承的意义，高中语文教育将中华五千年的历史进行了汇总，学生在学习时，不仅能够提高语言运用能力，还能够了解语言表达的审美能力，并提升民族认同感。每个国家在开展教育工作时，都将本国语言放在重要位置，使学生能够在学习时，进一步提高语言表达中的审美能力。但随着我国的国际竞争力不断提高，人们对语文教育的重视程度不断降低，甚至部分高中的语文科目被边缘化，高中语文作为弘扬中华文化的重要途径，需要得到大众的重视，发挥出高中语文课程审美性的意义。

　　高中语文教材内容包括诗歌、散文、小说等形式，不同形式的文本语言表达形式存在差异，但学生在课堂中认真学习能够感受到作品中的美。在教学中，由于高中阶段的学生受过语文教育，其理解能力、学习能力较强，在教学时教师只需要应用美的规律对学生进行引导，学生能够对课文表达方式中的美进行分析，获得一定的美的享受，并逐步形成正确的语文审美能力，达到培养全面人才的目的。另外，由于高中开展语文教学的目的之一为培养学生的审美能力，进而在高中课程教育时，教师需要引导学生把控审美标准，帮助学生形成心灵美、高尚美的分析能力，提高高中教学的有效性。

　　高中语文课程的主要任务为提高学生的语文综合能力，进而教材中的内容较为丰富，作品类型较为完善，在教学时教师会丰富写作背景、作者的生平事迹等，进一步提高教学的有效性，应用这一方式进行教学工作，学生能够了解表达方式中的美，并树立正确的审美意识。由于高中具有树立健康品质的教育职能，进而在进行语文教学时，教师需要根据学生的性格特点，构建适当的教学方法，保障教学工作能够使学生形成良好的审美情趣。但由于部分学生对语文课程缺乏兴趣，甚至在课程中学习专业科目，导致其语文综合能力没有得到提升，为了改变这一现状，需要教师在设计教学内容时，在教案中融入美的形象、意境。在教学时教师需要对学生加以引导，使学生能够主动分析课文含义，帮助学生形成良好的审美能力，为学生之后的学习工作奠定良好的语言基础。

　　在科技不断发展的背景下，为了提高高中生对语文学科的重视程度，需要在教学时引导学生关注社会，思考语文学习的意义，提高对语文学科的重视程度。另外，在进行教学时，为了提高学生的综合能力，需要在教学时巩固其语文知识，并带领学生进行语文知识练习，使学生能够主动感悟语文表达方式，提高学生的综合能力。在进行教学时，为了提高有效性，教师可以将现代科技与语文课程内容相结合，以具有趣味性的方式进行教学活动，进一步提高教学的有效性，达到高中语文教育的目的。

第三节　语文教学的使命

一、增强母语感染力

　　母语是人们思维的载体，能够帮助人们进行知识的认知、问题的分析与归纳、思想的表达与信息的沟通。在高中阶段学习母语能够提高人们语言表达能力，丰富人的内心修养，并且人们的母语水平直接影响其思维能力和创造能力的发展，对其他语言学习也有一定的帮助。高中的母语教育目的为培养高素质语文人才，并且学校在进行语文课程教学时，需要按照教育部门的要求设计教学内容，发挥出语文学科的特点，使高校能够顺应语文教育发展需求。由于中文是我们的母语，虽然学生在进入高中阶段之前，已经学习、应用了较长时间，但高中语文教育的主要目标为提高学生的语文综合素养，进而进行教学设计时，需要对阅读、欣赏、表达等进行科学设计，进一步提高教学有效性。但部分高校对语文教育的重视程度不高，甚至没有合理安排教学课时，导致教学工作缺乏连贯性，难以达到教学目的。由于语文课程具有一定的整体性，为了能够进一步提高学生的语文综合素养，需要选择合适的教学方法，培养学生的审美能力。但部分高校教师还在使用传统的教学方法，由于教学形式过于枯燥，学生的综合能力没有得到明显提高，甚至缺乏学习兴趣，难以达到增强母语感染力的教学效果。进而在高中语文学习阶段，为了完成增强母语感染力的教学任务，需要教师在设计教学内容之前了解学生的语文学习情况、学习能力，并研究课程设置、教学设计方式等内容，使教学工作具有针对性，以提高学生对语文的阅读、欣赏、理解能力，并掌握母语知识，推动学生进一步发展，进一步提高教学有效性。

由于高中语文课程具有系统化的特点，学生认真学习这一内容能够进一步提高语言表达能力，使学生能够熟练地应用语文知识。并且高中语文课程在教学时将培养人文精神作为目标，并以这一目的为依据选择教学文本，进一步提高教学有效性。但由于部分教师对这一工作的重视程度不高，导致教学工作的有效性不高，为了改善这一现状，需要教师在设计课程时，选择具有典范性的文本，并对学生的综合能力进行分析，合理设计能够启迪思想、道德熏陶的文本，使教学具有生动活泼的氛围，让学生对语文学习产生浓厚的兴趣，并达到增强母语感染力的作用，推动教学工作进一步发展。

由于语文教材在编写时，为了保障其既能够满足教学大纲的要求，又能达到母语教学的意义，需要教师将其中的工具性与人文性进行统一，使学生能够在适当的教学环境下提高语文综合能力，并提高对文学作品的赏析能力。但部分高校在开展语文教学时，没有合理设计教学内容，导致教学内容过于理论性，难以提高学生的综合素养，这就需要进行语文教学改革工作，进一步提高教学的整体性，增强母语感染力，促进教学工作进一步发展。另外，开展语文教学工作，能够促进学生进一步提高语文综合能力，改变部分高中专业设置厚此薄彼现象。高中语文教学中学生在学习文本之后能够形成良好的精神素养，并推动社会进步，提高综合能力。由于人们生活在汉语的环境下，并且语文科目对社会发展有一定的影响，为了使高中语文教学达到增强母语感染力的效果，需要优化教学文本内容，例如：教师可以通过社会发展、文化素质等几个方面选择文本内容，并在教学时对学生进行引导，使教学工作进一步提高有效性，提升学生对语文的欣赏能力。

二、提升艺术审美力

艺术审美力，又称艺术鉴赏力，是指人感受、评价和创造美的能力。审美感受能力指审美主体凭借自己的生活体验、艺术修养和审美趣味有意识地对审美对象进行鉴赏，从中获得美感的能力。艺术审美能力对学生的思想情操、思想情感的发展有一定的影响，并且高中生即将面临就业问题，为了促进其进一步发展，需要合理开展语文教育工作，使教学达到提升艺术审美的效果。为了达到这一目标，需要教师合理设计教学内容，使学生具有发现美、创造美的能力。另外，由于教师具有美感教育的责任，进而在选择教材时需要按照马克思主义审美原则整理教学内容，并且由于文学家在创作作品时，会美化人物形象，学生在学习时能够逐渐形成艺术审美力，并获得美的享受。在高中语文教学中，教学工作需要发挥出语文学科中的人文性与基础性作用，进而提升学生艺术审美力，推动学生全面发展。但高中语文教学使用传统方法难以提高教学有效性，为了改善这一现状，需要提高教学针对性。例如：在教学时，教师需要先对学生进行基本审美能力的培养，并根据学生学习情况进行审美教学，使学生能够进一步提高对语言的感悟能力，从丰富的感悟中得到美的享受，提高高中语文教学的有效性。需要教师在教学时对学生进行必要引导，培养其勤于思考的习惯，为之后的学习、工作奠定良好的基础。

高中语文教材内容具有多样化的特点，并且蕴含自然、社会等方面的美，在教学时教师需要将这一内容合理分配到教学工作中，使学生循序渐进地形成审美感受，领会到作品中描写的美与丑，学生在学习时对生活实际进行分析，能够感受到提高人文素养的重要性，并发挥出高中语文教学工具性的特点，进一步提高高中语文教学的有效性。另外，学生在高中阶段接受语文教学时，需要教师在课前整理教学内容，适当选择文本内容融入现实生活中，并引导学生总结其中的美，使教学能够发挥出美育的作用，提高高中语文教学的有效性。

三、优化语言表达力

高中语文，无论是叙事状物、言事说理，还是抒情言志，所选文章均为经典之作，语言运用规范而艺术，对学生语感培养很有帮助。由于语文内容具有实践性的特点，人们的日常生活离不开语文，并且随着社会的不断进步与发展，语文的应用范围不断扩大，逐渐向其他领域渗透。因此，专家学者认为语文教材具有培养语文能力的作用，在进行教材编写时，将基本功能作为出发点，注重语言的工具性与美学性特征，提高了教材编写质量。另外，为了能够发挥出高中语文教材的教育职能，需要合理设计教学目标，使学生能够在长期学习中养成良好的学习习惯，并提高教学效果。由于培养良好的语文学习习惯需要进行不断的练习，而练习的依据为语文教材，这就需要教师应用教材带领学生进行听、说、读、写等实践活动，通过具体的语言环境锻炼学生运用语言的能力，促进学生养成良好的学习习惯。并且在教学时，为了能够进一步提高教学有效性，教师需要带领学生学习其他选文内容，例如：学习古诗词时，需要应用其他内容分析对仗、押韵等相关韵律知识，使学生能够提高对语文教学内容的了解程度，并提高语文实际运用能力。

在高中阶段进行语文教学对学生综合能力发展有一定的影响，在进行语文教学时，需要在教学之前合理设计教学内容，从学生实际能力与智力发展需要出发取舍内容。例如：教师在教学时为了达到优化学生的语言表达能力，提高教学的有效性，需要先将教学课程进行分类整理，并在教学中添加不同形式的文本，带领学生进行语言表达能力练习，进一步提高教学质量。发挥出高中语文教学的意义，需要教师在教学之前了解学生的实际学习情况，因人而异设计教学内容，达到优化语言表达力的作用，促进高中语文教学工作进一步发展。由于语文的特点主要表现为语言表达，在进入高中阶段之后，为了能够发挥出语文教学的优势，需要进行重新设计，使教学具有科学性，并能达到优化语言表达力的目的。

高中语文教学中，为了达到优化语言表达能力的教学目标，需要教师在教学中带领学生进行文本翻译、内容分析等工作。另外，在进行教学时，为了潜移默化地优化语言表达力，需要教师合理设计课后作业，使学生能够将课程内容与生活实际联系起来，形成良好的语文综合素养。但部分教师在进行教学设计时，对教学内容连贯性重视程度不高，需要教师在教学之前先设计教学总体构架，并按照教学要求进行引导教学，使教学具有优化语言表达力的意义。

四、激发开拓创新力

创新是一个民族的希望，是社会文明的象征，随着社会经济的不断发展，教育的创新起到引领示范的作用。为了推动我国教育事业进一步发展，教育部制定了各级教育发展规划，对教学改革发展进行了科学规划，这一工作将推动社会经济进一步发展，进而促进人才发展，带动文化、社会发展。高校承担着创新型人才培养的重任，需要在学科教育教学中实施创新工程，以科技创新人才培养为主，对学生进行素质教育，提高教学的有效性。当高中在进行语文教育时，为了使教学工作提高有效性，需要按照教育要求设计教学工作，达到培养学生创新能力的目的。在对高中语文教学进行设计时，可以应用问题教学法设计教学内容。

在高中阶段进行语文素质教育，能够激发学生的学习潜能，并使学生提高创新能力，形成全面发展型人才。高中教育的主要任务为提高学生的创新能力、实践能力，使学生能够满足时代发展的需求。为了达到这一目标，需要将培养创新能力工作放在重要位置，并整理教学内容。例如：在教学的过程中，教师需要引导学生思考解决问题的方法，使学生能够形成创造环境和解决问题的能力，推动学生形成完善的人格，达到素质教育的目的。在高中语文教学时，为了能够进一步提高创新能力，需要教师使用新的教学手段、教学方法进行教学工作。为了全面提高综合素养，需要提高人文艺术知识，了解思想家的智慧、人文知识、自然景物等内容，促进学生思维能力发展。另外，高中语文课程内容形式具有多样化的特点，并且形式类型较为丰富，学生在学习时，能够形成较为完善的形象思维，提高教学有效性，并激发开拓创新力。

高中语文教学中，由于学生的创新能力存在差异，导致教学工作难以稳定运行，为了改善这一现状，需要教师在教学时引导学生分析作者的思维成果，并以作者的思维方式进行思考，提高教学的有效性。另外，为了使教学达到激发开拓创新能力的目的，需要教师在教学之前对文本内容进行全方位的审视，并将自身作为发现者、研究者了解文章内涵，在教学时教师需要带领学生进行课程内涵分析工作，潜移默化地影响学生的思维能力，进一步提高教学的有效性。教师在设计教案之前对学生的实际学习情况进行分析，并选择合适的文本引入教学中，带领学生分析教材中思想情感，逐渐形成较为完善的课程内容，使学生提高学习兴趣，并激发开拓创新力，达到高中语文教学的目的，推动学生进一步提高语文综合素养。在教学中，教师在教学时需要按照相关教学标准、课改需求设计教学形式，推动教学工作进一步完善，并达到激发学生开拓创新能力的目的。

五、丰富人文知识素养

人文素养中的"人文"，可以作为"人文科学"进行分析（如政治学、经济学、法学、社会学、伦理道德等），而"素养"是由"能力要素"和"精神要素"组合而成的，进而可以了解到人文素养即为人文科学的研究能力、知识水平和人文科学体现出来的以人为中心的精神，即人文知识对人的熏陶感染经过个人内化升华后所表现出来的人格、气质及修养。高中语文教育是我国民族文化的载体，高中生通过学习，可以陶冶情操、感悟人生、丰富感情、完善人格，促进人文素养的形成与发展。

由于高中生是推动社会发展的重要力量，为了提高教学工作的有效性，需要对高中语文教学工作进行优化，把教学重点放在学生人格、气质、修养的培养上，并通过优秀作品潜移默化地影响学生的个人素养，形成良好的个人品质，为今后工作、学习奠定良好的基础。但由于教材版本不同，其中的结构设计存在一定的差异，需要教师在设计教学内容时注重中华优秀传统文化的传播，并将这一内容与教学工作进行有机融合，使学生能够在语文学习中形成相对稳定的内在品格，激发学生的爱国情怀。例如：高校可以定期开展教学讨论会议，教师共同对教学内容进行整理，并在其中融入适当的传统文化；在教学时教师可以为学生多讲解一些经典的文学名著，开阔学生视野，提高教学效率，使高中语文教学具有丰富人文知识素养的意义。

由于教学氛围对学生学习积极性有一定的影响，为了能够进一步提高教学科学性，需要教师在设计教学内容时将文学、哲学、历史、宗教、文化、思想道德等内容融入其中，并对教学结构进行优化调整，使教学工作具有培养学生道德素养的目的，并在潜移默化中提高学生的民族自尊心和文化自豪感。部分古代文学作品具有较高的精神品格和理想，为了使教学工作达到丰富人文知识素养的目的，需要在教学中加强古代文学的教学，因为非中文专业学生的古代汉语知识相对欠缺。

由于高中阶段进行语文教学工作具有德育功能，学生能够通过相关文本了解文章中的价值观、人生观等，教师在这一阶段可以对学生进行适当的引导，使其树立正确的信念，形成丰富的精神世界。实践证明，空洞的政治说教是苍白无力的，潜移默化的精神感化犹如春风化雨、润物无声，而繁花似锦。另外，在教学中为了发挥出丰富人文知识素养的作用，需要有针对性地选择教材内容。

第二章 高中语文教学的创新意识

第一节 语文创新意识概述

"创新"是现代社会各界十分关注的热门词语。

关于"创新"一词在我国最初出现于《魏书》:"革弊创新者,先皇之志也。"这里的创新大致与"革新"同义,主要是指改革制度。随着时代进步,创新的含义更加丰富,出现不少形象表述:

想象力比知识更重要,因为知识是有限的,而想象力概括着世界上的一切,推动着进步,并且是知识进步的源泉。
——爱因斯坦

只有先声夺人,出奇制胜,不断创造新的体制、新的产品、新的市场和压倒竞争对手的新形势,企业才能立于不败之地。
——黄汉清

人类的创新之举是极其困难的,因此便把已有的形式视为神圣的遗产。
——蒙森

从上述对"创新"含义的诸多表述可知,创新既包括人类社会和文化的革新与改造,也包括科学与技术的发现和发明。创新是人的主观能动行为,是指以现有的思维模式提出有别于常规或常人思路的见解为导向,利用现有的知识和物质,在特定的环境中,本着理想化需要或为满足某种社会需求,而改进或创造新的事物、方法、元素、路径、环境,并能获得一定有益效果的行为。创新是人类特有的认识能力和实践能力,是推动民族进步和社会发展的不竭动力。一个民族要想走在时代前列,就一刻也不能没有创新思维,一刻也不能停止各种创新。创新是素质教育的重要内容,是人的潜能作用发挥和创造精神培养的动力。

高中教育的根本意义在于塑造适应时代要求的高素质人才,这种人才不仅要有健康的体魄、健全的人格、高尚的情操，还要具备丰富的文化修养、创新思维能力和高超的语言沟通能力。进行高中语文教学创新是学科发展与复合型人才培养的需要。但由于部分高校教师对这一教学工作的重视程度不高，导致教学工作缺乏创新性，为了改变这一现状，需要提升高校教师对这一工作的重视程度，树立创新意识。例如：高校可以开展教师创新教学专题培训，组织专题讨论，开发智慧，达成共识，树立正确的创新意识，推动语文教学工作进一步发展。在具体教学过程中，包括教学内容、组织形式、施教过程、运用手段等，在信息技术不断发展的背景下需要重新定位，深入思考，全新探索，真抓实干，否则，还会重走老路，事倍功半。据调查，部分教师使用与中学类似的教学方法，没有将学生作为课堂教学主体，没有充分调动学生自主学习语文的积极性，致使他们把语文学习作为专业学习的休整期，既浪费了时间，也消耗了精力，还无收效。为了改变这一现状，需要提高教师的教学创新意识，按照学生学习情况、教学需求对教学内容进行科学设计，优化教学方法，改进传统教法，应用讲授法、谈话法、练习法、小组学习、问题研讨等适合高中生学习习惯且有利于创造思维发展的方式进行教学，以提高学生的学习积极性，并逐渐养成自主学习、自觉探索的求知意识，通过高中语文的学习提升综合素养。

一、创新的本质特征

创新的本质是开创前人没有的东西，具有新颖、独到、有生命力的特征，是人类通过知识与技能表现出的一种创造能力。欧文·泰勒把这种创造力的表现形态概括为表达创造、生产创造、发明创造、革新创造和深奥创造几个层次。创造精神与创造能力对人类社会的巨大贡献已被人类普遍认同，而且只有通过创新才能将知识和技能转化为生产力，从而推进人类文明，实现经济繁荣，推动社会前进，实现人的真正价值。教育创新的本质特征是改变旧的教育制度与教育内容及陈旧落后的教学方式方法，探索适应人才发展相适应的新内容、新途径，培养人的创新精神与创造能力。不可否认，我国学校教育自引入19世纪西方现代教育理论以来，发生了根本性变化，促进了教育的有序化与规范化，推动了社会向前发展。但随着社会的进步与发展，原有的教学内容与教学方式对学生个性的泯灭和特长的扼杀已逐渐显现，一定程度束缚了学生创新能力的发展。

高中语文创新教育具有开发人的潜能的作用，它是完善人格、充实精神、丰富情感、开发智慧、提高综合素养的现代创新型人才培养的重要手段。现阶段的高中语文教育，无论是教材编写、课程设计，还是教学方法，都有必要进行创新探索。就以语文教育的"工具性"与"人文性"为例，不少人把它们割裂开来，似乎"工具性"的主要任务是字、词、句、篇、语法、修辞、逻辑等语文规律的认知，把语文教育高度理性化。而把"人文性"等同于思想性甚至政治性。这样一来，把语文学科的形式与内容人为分离，相互独立。殊不知语文的工具性与人文性是语文学科的"形式"和"实质"两个侧面。因此，不能把二者从根本上割裂开来，再求统一，更不能完全对立，分个孰轻孰重，它们本身就和谐共存于语文这个统一体中。现行高中语文教材具有一定的优缺点，大部分教材中存在大量的古典文学作品，导致教材存在选文结构矛盾的问题，为降低学生与选文之间的距离感，提升学生的学习兴趣，需要对古今中外各种体裁的选文进行优化。另外，在信息技术不断发展的背景下，学生对小说类型文本的阅读兴趣较高，为了使语文教材能够满足学生的学习需求，需要在教材中引入这一类型的文章。但由于这类文本存在教学成本投入较高的问题，为了保障语文教材内容能够满足学生的学习需求，需要在选择时对文本内涵、教育意义进行分析，并选择内容幽默、教育意义较强的小说类文本，使高中语文教材进一步完善，以提高学生的学习兴趣，推动高中语文教学工作进一步发展。

学生的学习行为发自兴趣爱好，但部分高中语文教师在教学时，还是使用旧的传授方式，没有在课程中设置互动环节，导致学生不感兴趣，学习积极性不高，为了改善这一现状，提高教学有效性，需要进行教学方法的创新，在教学中引入名言警句、谚语等内容，使所教内容深入浅出，易被学生接受。但在这一过程中，由于学生的学习能力存在差异，需要教师以教学本质为出发点设计教学内容，并在教学中对教学内容进行创新，进一步提高学生的学习积极性，推动教学工作进一步发展。另外，由于高中阶段的语文教学量较大，为了提高教学工作的连贯性，满足学生的学习需求，需要丰富选文数量，并以多元化为创新点，为学生提供广阔的视野，推动教学工作进一步发展。但创新是有前提的，并不是随心所欲，别出心裁，跳出大纲，不要教材，重起炉灶，而是在正确教育思想指导下，遵循教育规律，按照高中人才培养标准科学设置大纲，选编教材，运用切实可行的教学方法，充分调动学生自主学习积极性，通过创新教育使学生努力提高理解、表达、分析、欣赏的能力，成为熟练掌握母语与本国优秀文化的人才。就高中语文教材而言，务求有利于培养德才兼备、爱国爱民、责任心重，有团队精神，业务能力强的人才。因此，要选用真正的精品，古今中外的分配适当，指引明确、简要，有吸引力，有启发性，要符合时代的要求，既有深刻的思想，又有艺术的力量，要及时修订、创新，与时俱进。教学方法的陈旧单调一向是高校教学亟待解决的问题。

除了教材教法的创新以外，教师的教学创新设计至关重要。为能够进一步提高教学有效性，需要对教学内容进行优化设计，提高教学的针对性。在保证高中语文传统选文经典性的同时对高中语文教育发展趋势进行分析，增加必要的新知识新信息,要突破传统思维模式的束缚,将高中语文与中学语文区分开来。高中语文不是中学语文的简单续写,而是语文学科的升华与完善,如果把中小学语文比作"泰山"的话,那高中语文就相当于"极顶"。只有明确高中语文教材的意义,使学生在学习时能够体会到课程内容中的内涵,才能顺利推动教学创新进一步发展。如温儒敏版的高中语文教材里充满了人文素养的教学内容,且选文经典,结构优化,其内容能够满足学生的学习需求并产生学习兴趣,对学生人文素养的培养也很有帮助。只要教师的设计合理,教法得当,相信学生在学习时能够丰富精神世界,提升思维能力,增强语文素养。

教学过程是一项复杂而充满变数的过程,有许多不定因素需要教师随机应变。由于大部分理科生对古文内容的学习兴趣不高,基础较薄弱,教师在教学时需要花费一定时间对相关语文知识进行查缺补漏,使之能跟上高中语文教学步伐。不过,这一过程,并非高中语文的补习,而是有针对性的补救措施,需要因人而异,量身定做,绝无定法。还有,为了能够进一步提高高中语文教学有效性,需要创新文学教学方式,将诗歌、小说、戏曲、散文等内容融入现实生活中,教师在教学时可以根据教学内容带领学生进行实践活动,开展诗歌朗诵、戏剧表演、创作体验,使学生能够切身感受不同类型的作品风格,提升学生的文学修养与学习兴趣。

二、创新与科学发展

创新是民族的进步,国家的希望,事业的发展,个人的愿景,只有不断创新才能激励和开发人的创造才能,而人的创造才能的充分发挥,将知识与技能同社会实践紧密结合,最终转化为生产力,推动社会进步与经济繁荣,这已经被无数科学实践所证明。世界上的万事万物都有一定的规律、法则或结构和功能,需要人们通过观察、研究去寻找或认识。这种创新形态有三种呈现方式。第一是发现,发现是使那些已经存在、但过去不为人所了解的事物变得为人所知,给人类增添新的科学知识。

人类社会是不断发展变化的,为适应这种变化,人们原有的伦理道德、价值观念、政治制度、法律制度、婚姻家庭制度、礼仪制度、生产制度和宗教制度等,也必须随着不断地革新。发现、发明、革新等创新形式对社会文化发展变迁也起着极为重要的作用。所以,创新与科学发展有着互为关联不可分割的因果联系。科学技术是第一生产力,科教兴国早已成为我国发展的战略目标之一,也是人类物质文明和精神文明发展的必然结果。我们强调教育创新,就是要在学科教学中注入素质教育的有效成分,培养出高科技时代知识经济所需要的具有创新意识、创造精神和创造能力的人,充分开发人的潜能,实现人类更高程度的自我解放。

高中语文教育教学是否能发挥出开发人的潜能的作用，体现在教材编写、教学设计、教学过程与教学方法等全过程有无创新举措。例如：对徐中玉版教材进行设计时，鉴于本教材有注释内容较多的特点，可以在教学中增加一些注解提示内容，引导学生对内容结构、人物特点、美学价值等进行分析，以降低自学的难度，逐渐养成良好的自主分析能力，使教学工作达到提高教学效率的目的，推动高中语文教学工作进一步发展。

高中语文课程内容较为丰富，包括汉字、词汇、语法、修辞、逻辑等基础理论知识内容，能使学生进一步巩固提高语文基础知识，并推动教学结构进一步优化。但部分高中语文教材中没有编制单独章节讲解这些内容，虽然学生接受了长期的语文教育，但没有系统学习这一部分内容，势必影响其语文综合能力的提升。为了更加完善语文教学内容，提高教学有效性，需要构建完善的知识系统，并与教材文本内容相融合，避免由于知识内容过于枯燥出现学生学习兴趣不高的问题。

第二节 语文创新意识培养的作用

一、科学文化知识学习的需要

由于我国还处在社会主义初级阶段，科学技术水平和民族文化水平还有待提高，发展教育与科学，是文化建设的基础工程，是推动经济社会发展的决定性因素，进而在高中语文中学习科学文化知识有助于发展教育与科学。在社会经济不断发展的背景下，各个企业的人才招聘标准不断提高，不仅需要其具有良好的专业能力，还需要具备创新意识和较强的语言文字表达能力。随着人们对教育的重视程度不断提高，各高等院校对高中语文学科建设的重视程度也在加深，以推动高中语文教育专业进一步发展，并且由于语文教学具有其得天独厚的优势，能够提高学生的语文综合素养，还能够使学生认识到语文教育的意义，推进相关行业的发展。但在高中阶段进行语文学习时，由于部分教师没有制定合理的教学规划，导致教学工作缺乏有效性，为了改善这一现状，使语文教学具有科学文化知识学习的促进效果，需要教师开展语文教学改革工作，为学生合理设计教学策略，使学生能够根据自身实际情况，合理进行学习规划，促进高中语文教育进一步发展，发挥出创新意识培养的意义。但在这一过程中，由于学生接受过的语文教学存在一定的差异，并且其综合能力也存在高低差别，为了进一步提升高中语文教学科学性，需要对教师进行创新意识培养，使其具有教学分析能力，对教学工作的开展进行分析整理，并按照新的目标进行教学设计，走出传统模式，适应新时代新要求。

高校在语文教学时设计科学而合理的教学形式，是学生比较感兴趣的问题，而且能提升课堂教学有效性。例如：在教学之前，教师先对学生的语文学习情况进行分析，针对古文基础薄弱的学生进行教学时可打破古文比重大的局面，消除他们看不懂、听不懂的问题，重新调整教材内容比重，使教材中具有的民俗、艺术等内容加大分量，以提升教学内容的现代感与现实感，进一步提升教学的有效性，使教学工作能够满足科学知识文化学习的需求。

高中语文具有提高学生语文综合能力的意义，在教学中，由于部分学生的语文表达能力较低，需要进行语文教学创新设计工作，选用经典篇目，加大阅读指导，强化实践锻炼，注重说写练习。可采用教师示范、名家指点、深入社会自我锻炼等方式，增强语感能力，在学习中锻炼，锻炼中提高，促进高中语文教学与生活实践的有机结合。同时要改变教学内容单调、教学观念落后的问题，教师需要按照以人为本的理念进行教学，了解学生的学习现状、学习需求等个体差异，合理设计教学内容与方式，使其能够发挥出主体性优势，进一步提高学生的综合能力。另外，由于语文教学的优势是形象思维，与现实生活有一定的联系，进而在教学的过程中，需要教师提高引导力度，培养学生丰富的想象力，形成发散性思维和问题意识，提高学生的理解能力和深度思考问题的理性意识，进一步提高教学质量与教学效率。

二、现代信息技术发展的需要

信息技术是当今世界科学技术领域最活跃、最迅速、最有影响力的因素之一。信息技术的飞速发展，不仅深刻地影响着人类的生活方式和工作方式，而且深刻地改变着人类教育方式、学习方式乃至思维方式。联合国教科文组织《学会生存》一书中指出：教育技术绝不是强加于传统课堂教学的一堆仪器，而是开展教育研究、变革教育思想、实现教育最优化的根本变革。教育部在"全国中小学信息技术"教育工作会议上也提出：在学科课程的教学中广泛应用信息技术手段，把信息技术教育融合到其他学科学习中，让信息技术真正成为学生学习的认知工具，探索信息技术教育与学科课程整合的方法、模式和规律。信息技术教育与语文课程整合是新课程理念的要求。但在高中的语文教学实践中，却过分看重教师的讲授与分析，教师是课堂教学的主宰和知识的灌输者，而不是课堂教学的组织者、指导者和学生建构意义的帮助者、促进者，以课文的分析代替学生学习语言的现象比比皆是。如何改变这一现状，充分激发学生的主动意识和进取精神，倡导自主、合作、探究的学习方式，是当下亟待探索的问题，这就必然要研究信息技术与语文课程的整合。当今信息技术的飞速发展，对教育的影响不仅表现在新的技术和手段的运用上，而且对教育的发展带来更新的理念和动力，使教育内容、方法和模式发生深刻变革。因此，教育信息化的关键在于要将信息技术融入教育教学的全过程，运用信息技术逐步改变原有的教育教学过程与模式，实现以知识传授为主的教学方式向以能力素质培养为主的教学方式的转变，并根据社会发展和学习者的需求，在全国乃至世界的范围内选择最优质的教育资源，进一步突破传统教学活动的时空限制，提升教育教学的效率与质量。这一变革的过程就是信息技术与教育教学融合的过程，只有融合才能体现出信息技术对教育改革与发展的作用，这才是教育信息化的本质。

高校为了满足教学需要在教学中广泛运用信息技术对教学内容进行科学设计，将教学内容进行延伸，发挥出教学的表演性、实践性和直观性优势，使教学内容更加优化，知识的传授方式更加多样化，容量更大，直观性更强，效果更明显，充分显示出现代化信息技术强大的生命力。例如：高中语文教学中，教师可以在教授小说类文本时，开展小组情景表演活动，教师在其中对学生进行指导，帮助学生感悟人物内心情感，提高学生的语文综合能力。另外，在开展比赛活动的过程中，还可以开展小组赛，提高学生的合作能力，发挥出现代信息技术的教学优势。但部分理科学生对这一教学工作的参与度较低，为了引导其提高综合能力，并提高学生参与活动的积极性，可以与学校社团合作，定期开展汇报演出活动，不断提高学生语言表达能力与社会交际能力，培养学生的语文综合素养，为之后的学习工作奠定良好的基础。

高中语文教学的目标之一是培养学生的自主学习能力，为了能够在这一过程中发挥出现代信息技术的优势，不仅需要进行语言综合训练，还需要进行学习方法的指导，进而引入先进技术，带领学生学习语文课程，使学生能够感受到语文学习的魅力，进一步提高学生的学习兴趣，并在教学之后养成自主学习的习惯，达到由知识灌输的对象和外部刺激的被动接受者，转变为信息加工的主体、知识意义的主动建构者和情感体验与培育的主体的教学目的。在这一过程中，高校可以构建智能学习系统，并由教师定期上传教学视频，学生可以根据自身的语文综合能力进行学习，进一步提高教学有效性。另外，在这一过程中，由于部分学生的学习兴趣不高，为了能够进一步提升教学有效性，需要教师在制作视频、设计教学形式时根据学生的学习能力、学习现状进行设计，进一步提升教学有效性，并满足现代信息技术发展的需要。

信息技术在教育教学中的应用是永无止境的，技术的不断创新会给应用提供新的动力和条件，教育的需求和发展也会给信息技术的发展提出新的要求。促进信息技术在教育教学中的应用，特别是在高中语文教学中的应用，使学习者学习方式便捷化、学习支持个性化，从而获得高质量的学习结果，是学科教学与信息技术的深度融合，也是教育信息化发展的方向和本质，而且具有无限的发展潜力，是教育信息化的希望所在。

三、新时代社会职业发展的需要

新时代对职业人才的要求越来越高，一个适应现代社会需要的高素质人才应该是品德素质、知识素质、能力素质与身心素质都高的人才。就能力而言，概括起来包括信息收集分析能力、综合预测能力、科学判断能力、想象创造能力、研究思辨能力、协调沟通能力、交际应变能力、语言表达能力等。其中的很多能力都与创新思维密切相关。在社会经济不断发展的背景下，社会对职业要求标准进一步提升，并且高中阶段的学生即将步入社会，为了使其能够满足新时代社会职业发展的需求，尤其需要提高其语文综合素养。为了达到这一目标，需要教师在教学之前，增强创新意识，实施创新举措，合理选择教材，丰富教学内容，创新教学方法。

例如：教师可以定期对学生的综合能力进行考察，并在不同阶段选择不同难度的教学内容，逐渐提高学生的综合能力。在选择文本内容时，需要对文章的复杂程度进行整理，保障其在满足教学大纲需求的同时，提高学生的综合能力。在丰富教学内容时，可以将教材中的内容根据适用程度进行分类，将不同教材进行融合整理，并在教材中适当添加与现代社会生活相关的内容，比如小说、外文等类型的文本，提高教材内容的合理性，满足教学需求。

高中语文教学对学生的道德素养有一定的影响，但由于部分语文教材缺乏特色，难以满足学生的发展需求，为了改善这一现状，需要提高语文教材编写特色，把那些闪耀思想光辉、体现人类智慧的高水平经典作品入编教材，以培养学生的创新意识与创造精神。在语文知识传授过程中，教师需要先根据学生的学习情况、教学续期创设教学模块，使各个部分内容既有联系又不互相冲突，通过这样的方法设计出的教学内容能够满足学生的学习需求，并进一步提高学生的综合能力，达到新时代社会职业发展需要的目的。另外，教师在教学中需要与学生构建良好的关系，了解学生学习中存在的问题，为学生提供相关教学帮助，并带领学生进行教学活动，提高学生的参与积极性，逐渐养成自主学习能力，并提高教学效率，发挥出创新教学的优势，使学生满足新时代社会职业发展的需要。

语文学科是培养学生正确理解与使用祖国语言文字的人文学科，在高中学习语文是非常重要的，能够使学生形成良好的语文综合素养，但由于部分学生对这一内容的兴趣不高，难以发挥出教学的有效性，进而在教学中为了培养学生的语文学习兴趣，需要教师进行创新，与学生在课堂上建立互动模式，调动学生的学习兴趣，使学生进一步提高学习能力，并满足新时代社会职业发展的需要。另外，教师应该重视培养学生的语文基础知识，引导学生自主分析文本内容，这样才能帮助学生提高语文能力，提高课堂上的学习效率，才能提高学生语文成绩，为之后的学习工作奠定基础。

四、创新型人才培养的需要

创新型人才培养是高中语文教育的主要目标。所谓创新型人才，就是具有创新精神和创新能力的人才，通常表现出灵活、开放、好奇的个性，具有精力充沛、坚持不懈、注意力集中、想象力丰富以及富于冒险精神等特征。高中语文教育进行创新意识培养是一项有别于中学语文教育的系统工程，涉及对语文文化的感性认知与理性思维的深层问题，绝不只是语文知识的继续巩固和对文学作品的一般掌握。正因为如此，部分高校在语文教学时，没有意识到高中语文的教育意义，更没有合理设计教学内容，导致教学过程太过随意，内容过于理论化，难以提高学生的综合素养。进行语文教学创新工作，是一项艰辛的创造性活动，需要具备全新的教育理念，敢为人先的创新精神，勇于实践，改变教学内容单调、教学手段落后、教学方法陈旧的问题，提高学生的语文综合素养。并且高中语文在开展教学工作时，虽然教材具有多样性的特点，但为了满足全部学生的喜好，还需要教师根据实际教学情况对教学内容进行创新设计，达到弘扬传统文化、提高学生学习兴趣的目的。在高中语文课堂中学生能够在教师的引导下发现语文的美，感受语文的魅力，并且在教学创新之后，可以根据学生的性格完善语文教学内容，应用因材施教的方法进行教学，使学生得到个性化的发展，进而树立正确的人生观价值观。另外，在社会经济不断发展的背景下，对人才的要求不断提高，为了非语文专业的学生提升语文综合能力，教师需要将培养学生语文审美能力作为教学重点，引导学生分析文本内容中的情感，提高语文欣赏能力，并且在教学的过程中，教师可以引导学生自主分析文章内涵，并逐渐形成良好的自主学习能力，发挥出高中语文教学的意义。由于高中语文具有提高学生人文素养的意义，继而在教学时对教材内容进行创新设计，能够使学生形成良好的文字基础能力、语文运用能力、审美感悟能力等，进而达到提升学生人文素养的目的。

例如：教师在设计教学工作时，会先对学生的语文综合能力进行分析，合理设计教学体系构架，丰富文本内容，使学生的视野得到扩展，提升学生的语文综合素养，推动学生进一步提高全面发展的能力。并且部分教师在对课程内容进行设计时，为了达到培养创新型人才的要求，将课程设置目标与人才培养目标进行结合，帮助学生进一步提高自身综合能力。但在这一过程中，由于学生的语文能力存在差异，为了进一步提高教学的有效性，不仅需要按照学生学习需求设计课程内容，还应按照教学大纲进行安排，并根据教学目标设计教学内容与教学方法。有的教师的教学能力存在差异，不同的教师在讲解同一内容时，会从不同角度进行课程分析，导致教学工作缺乏合理性。为了改善这一现状，需要教师按照学生个性发展需要进行教学设计，使教学工作具有针对性，满足学生的学习需求与创新型人才培养的需要。

高中语文教学工作开展时间较长，教师在教学中能够积累一定的教学经验，为了能够进一步提高教学有效性，需要教师在教学之前整理教学中常见的问题，并对这一部分进行优化改进，推动教学工作进一步发展。另外，在开展教学工作时，由于部分学生的学习积极性不高，导致教学工作有效性降低，为了改善这一现状，需要了解学生的心理，并对教学工作进行优化设计，使高中语文教学满足创新型人才培养的需要。

第三节　语文创新意识培养的途径

一、树立问题意识

问题意识对于很多学生来说都是难能可贵的，问题意识的重要性在于能够有效帮助学生开展一系列的思维创新与拓展。学生在开展语文学习的过程当中，对于语文的兴趣来源有很多，主要是由于语文本身带来的吸引力，也有可能是为了提升自身的综合成绩，无论哪一种原因，在语文的课堂上或者是课下，学生都应该具有问题意识，这样能够有效帮助提升创新意识的培养。

树立问题意识需要从教育对象的实际需要着手，首先需要学生能够深刻了解问题意识对于语文学习的重要性。问题意识对于学生来说能够有效发挥出学生主体地位的作用。在当前的教育形势之下，学生在教育过程中是否能够被摆放到主体地位，已经成为检验课堂质量的标准之一，学生接受教育的最终目的是提升自身的能力与素质，而只有保证学生的主体地位才能够真正落实课堂教育的最终目的。学生在高中语文的课堂当中，同样地也应当摆正自身的态度，认识到自己应有的地位，不能够全凭教师的教诲来开展学习，具有一定的主观能动性，多提问题，善提问题，这样才可以有效提升自身的学习质量以及学习效率。其次对于教师来说，也应当帮助学生树立问题意识，这样有两个明显的益处，一是能够带动课堂的气氛与节奏，二是能够帮助学生提升所学内容的深度。在开展学习的过程当中，教师需要了解在当下的教育当中，已经不能够再照搬传统的教育理念以及教育方式，填鸭式的教育对于学生来说无异于将其推离课堂、推离语文，而只有有效率、有质量、有趣味的课堂才是当下需要的课堂。教师如果不能够带动一节课的气氛，那么死气沉沉的环境对于学生来说将不是学习语文知识的动力，而是学习语文的阻碍。教师在开展教学时，需要通过有效的手段来帮助学生不断培养问题意识，帮助学生敢于思考，敢于提出问题，对于课堂的内容以及书本的知识，敢于提出质疑。

　　树立问题意识具体有三种手段：一是可以通过教师授课的手段来帮助学生激发出学习的求知欲以及对于语文学习的热情。教师授课时，整个教学过程中带着丰富饱满的感情，利用高中语文这门学科所拥有的感性色彩以及文学之美，来感染课堂中的学生，帮助学生在课堂上构建一个感情饱满的情境，学生置身于教师所带来的学习氛围之中，就会激发出自身对于语文学习的新想法和新问题。二是在课堂之中创造学生提问的有效机会，学生提问的动力可能来源于教师对于课堂节奏的把握，教师通过认真备课，将课堂不同的环节进行充分预设，把控课堂的节奏，让学生有充分的时间和机会进行提问，这样也能够有效带动整堂课的自由氛围，培养学生的问题意识。三是学生应当克服课堂提问的恐惧心理和抵触心理，很多学生对于课堂提问的抵触心理来源于中学、小学甚至更早的阶段，而在高中课堂上，学生也应该有效克制自己的恐惧，大胆提问，认识到提问不是一件可怕的事，而是一件十分平常的事情。当自己在课堂提出问题，是对自身学习的一种尊重，也是对教师授课工作的一种尊重。

　　问题带来思考，而寻求问题的答案也是大脑运作的结果，只有在一个充满问题的环境下学习、生活，才不会僵化学习的思维和方法。问题意识对于学生或者是教师来说都是十分宝贵的，必须要保证有效利用各种方式树立问题意识，培养学生朝能够主动提出问题、乐于解决问题的方向发展，才是真正地帮助学生成为一个具有创新意识的人。

二、培养多向思维

　　多向思维对于高中语文教学而言，其重要意义在于能够帮助学生从不同的角度、方向乃至层次开展对同一个问题的多向判断。多向思维本质上来讲是一种求异思维最重要的形式，在生活当中我们经常面临的抉择、问题都会需要自己寻求解决办法，而在寻求办法与答案的过程当中，如果缺乏活跃的思维，那么就会导致方式的僵化。多向思维对于学生的学习乃至工作所产生的最有益的影响就是在面对一些事务处理和判断的过程当中，不会受到固化思维的影响，能够利用更加丰富的思维方式进行思考，同时还能够成为推动决策正确的因素。教师在高中语文的讲授过程当中，对于学生开展多向思维的培养，不仅是在于学生语文学习能力和语文成绩提升的方面能够取得良好的效果，更是可以帮助学生在未来的工作和生活当中能够有效面对各种问题的挑战。多向思维的培养也离不开创新意识，只有具有多向思维的能力，才能够真正实现一个人思想上的创新。

　　在高中语文的教育过程当中，培养多向思维需要注重的是知识层面的沟通。

高中语文课程的内容丰富，无论是古代文学还是现代文学，都具有自身独特的魅力与特点。教师在传授给学生语文知识的过程当中，也需要注重不同知识内容之间的联系和沟通。多向思维在教学中运用的主要目的就是能够帮助学生开拓思考的方式以及方向，从高中语文的教学对象来看，学生普遍已经具有一定的语文基础和文学素养，这种情况下就需要利用学生已经具备的能力以及这个年龄阶段较为成熟稳重的特点，来帮助学生进行多向思维的训练与指导。在不同课时内学习的语文知识并不是完全独立的内容，它们共同存在于语文的知识框架之内，构成了完整的语文知识脉络。在教师授课的过程当中将课程的内容转化为知识链，帮助学生沿着一个正确的方向不断探索，并在探索的过程当中能够将不同的知识串联起来，从形象思维、经验思维以及逻辑思维等多个层面帮助学生将学习的内容转化为自身的思考。

例如在现当代的文学作品讲解过程当中，对于一些近代表达国仇家恨的作品，学生应该能够结合作品的时代背景，并且开展针对当下社会现象的反思，能够有效地帮助学生开展多向的思考。培养多向思维的手段需要立足于实践，并且能够拥有正确的价值导向，多向思维从一定程度上来讲和学生的想象能力以及结合能力都具有联系。在应试教育的环境之下，学生拥有的想象力常常会受到一些"标准答案"的限制，导致自身的想法被抑制，多向思维的能力被阻碍，但是在高中阶段，学生通过教师的指导以及自身的努力，朝向多向思维的方向不断进步，提升自身思考的能力、拓展思考的维度，这样才能够促进在高中语文学习过程当中的创新意识的发展。多向思维培养也是教师教学质量的一种体现，教师对学生思维的塑造和培养，才是真正地授之以渔。

三、建立批判意识

批判意识对于很多人来说并不陌生，然而在高中语文的创新教育过程当中，教师和学生真正去了解并且重视批判意识却少之甚少，在开展语文教育时，批判意识具有其独特的作用。

批判性思维从本质上来讲是对原有思维的改善和反思性表现，批判意识不仅仅是一种思维技能，更是一种思维倾向。在当代的高等教育过程当中，培养学生的批判性思维更是重要的目标之一，高中的语文创新教育当然也离不开对于批判意识的重视。在高等教育期间，马克思主义是各项工作以及学习的指导思想，我们所学的马克思主义哲学对生活和学习都会产生十分重要的影响。马克思主义的精髓就在于对于一切的事物和思想带有批判性意味，这一种批判性的精神和思想在学习高中语文和讲授高中语文的过程当中都是可以得到吸取的。批判意识和马克思主义是不能够分割开来的，缺乏了批判意识也就不能够说明具有马克思主义的思维思考方式，也缺乏正确的马克思主义哲学世界观指导生活和实践。在文学的角度来讲，很多理论实质上并不具有普适性，在不同的环境之下会产生自身内涵的改变。而且对于文学作品的理解，"一千个人眼里有一千个哈姆雷特"，这是文学作品自身的特点，更是思维活跃的表现。批判意识的形成还受到批判对象的影响，批判的对象影响到批判意识的形态，即分为时代批判意识以及理论批判意识。

真正的批判意识建立却并不是一个简单的过程，而是需要正确的方向以及正确的手段。批判意识需要针对已有的理论和实践提出质疑，并且进行反思和剖析，批判意识的建立需要从三个方面来进行。第一个方面是批判的性质，批判意识来源于对于既有的理论和实践进行批判，而批判本身也分为真假两种形态，只有真批判才能够体现出批判意识的意义，体现出批判意识对于学习带来的价值。真的批判首要的是能够触及本质，而不是从表面进行。批判的对象可能是坏死理论，可能是实践，但是无论性质如何，都离不开对于本质内涵的揭露。二是批判的方向需要经得起考验，批判并不是十分简单并且轻松的活动，浮于形式的批判也只能够作为表面工作。开展真正的批判是需要遵循理性逻辑以及实践逻辑的，如果缺乏了对这两种逻辑的应用，那么就会缺乏方向性以及明确的目的性。三是真批判可以从实践当中寻求到事实依据，通过立足实践，才能够使得批判有理可依有据可循。在历史当中批判意识往往在实践中有十分亮眼的表现。例如在资本主义社会当中，马克思就针对资产阶级对工人的欺压开展了批判。马克思了解到了资本主义的本质就是对于工人阶级的剥削，并且揭示了资本主义社会运行的根本规律，这也使得马克思的批判能够立足于资本主义社会发展建设之上，具有现实的依据，能够具有充足的说服力。教师在开展教学的过程当中也需要针对学生的批判意识进行培养，针对一篇文章进行解读，教师多用"我认为"来表达对于文章的观点，并且接受学生的疑问和批判，将课堂作为一个言语交流和思维碰撞的平台，能够保障学生的批判意识不受到限制。

为了能够不断锻炼自身的批判意识，并且能够将其作为提升自身对于文学素养提升的一种手段。建立和提升批判意识最基础的工作就是能够掌握大量的理论知识，这样才能够从中获得营养，成为批判意识提升的养料。对一个领域开展批判，如果没有扎实深厚的基础，那么就只能产生浮于表面的批判，马克思写出《资本论》批判资本主义社会也是建立在对经济、政治和哲学等方方面面阅读了数以千计的图书的基础上，历经二十五年才写成的。批判意识的建立也需要学生投入实践当中，了解、关心现实的社会问题，这样才能够真正地使自己具有丰富的内涵，而当今国内乃至世界都处于迅速变革发展的时代，也为批判意识的实践提供了良好的环境。从理论到实践两个方向共同入手，才能够真正意义上提升在高中语文学习过程当中培养的批判意识水平,才能够真正使得学生建立起创新的意识。

四、增强综合判断

从课程的基本概念出发,语文实践活动的目标是实现学生素质的全面优化和全面提高。这个理念从一定角度来看,似乎只要学生的素质与目标有关就需要进行学习,但是事实并不然。因为中国教育者注重整体素质的提高,最为重要的是从学科的特点出发,没有全能型教师,但是在一个学科当中的教学不能够忽视综合的考虑。综合语文学习不是一种具体的学习方法,而是与学科课程活动相结合的一门独立课程,它是语言课程的重要组成部分。它强调学科的内外关系,强调学习过程,注重激发学生的创造潜能,更好地整合知识的能力,特别有利于培养学生的观察能力、综合表达能力、人际沟通能力、信息收集能力、组织策划能力和团队合作精神。可见,语文综合性学习是一种多元整合,与单一语言知识或技能的单一性有别,它是学生解决自己的学习、生活、自然和社会问题的一种实践活动。语文综合课程必须以语文学科为基础,开展语文综合性学习,它必须面向全体学生,使学生能够掌握基本的语文素养,培养学生对语文的热爱,引导学生正确理解和运用祖国的语言,丰富语言积累,培养语感。高中阶段的学生有一定的读写能力,能适应社会实际需要的阅读能力、写作能力和口语交际能力,提高学生的品德和审美情趣,逐渐形成良好的个性和健全的人格,促进全面健康发展。可见,对语言的综合研究需要能够从多个角度入手,立足于学生语言素养的形成和发展的途径,而不是对其他科目知识的追求。

语文综合性学习涉及其他学科的内容,但必须是"语文",不能够逃离学科的本质。学生语文素养的全面提高,是人文精神与学科精神的融合。一些文章涉及许多方面,包括天文学和地理,这是学生自由思考的广阔空间。但是,教师应引导学生在多元文化中开展一系列的学习活动。通过学习活动,一方面培养学生收集、筛选和组织信息的能力,提高口语交际能力和写作能力,另一方面培养学生的科学兴趣,探索科学奥秘的精神。这样,知识和能力的三个方面(方法、情感态度和价值观)自然被考虑进去,实现他们的综合目标的效果是不言而喻的。语文课程标准强调:"学生是学习和发展的主体。"语文课程必须立足于学生的身心发展和语文学习的特点,注重学生的个体差异和不同的学习需求,关心学生的好奇心,充分激发学生的学习兴趣、学生的进取精神,倡导自主、合作、探究的学习模式。在语文综合性学习中,改变学生的学习方式,培养学生的实践创新精神尤为重要。

综合性学习应重视学生的自主性,注重培养学生的主动性和积极参与精神。

学习应该让学生自己设计和组织，以培养他们自主和独立的学习习惯和能力。事实上，它也是语文教育的一个重要目标。在组织学生进行综合性学习活动的过程中，教师应引导学生仔细观察身边的事物，体验自然、生活、社会等各个方面，力求感受并发现它们。现代社会是一个信息社会，多介质和各种信息的出现，要求人们具备收集信息、交换信息和处理信息的综合能力。过去的语文教学侧重于知识的传承，学生不需要查找所需的信息，从而引导学生收集信息，并利用信息来谈论弱势能力。在语文综合性学习的过程中，学生需要使用各种手段来获取信息，以便学习主题、访问或实地调查，或在互联网上搜索。在这个过程中，学生收集和处理信息的能力逐渐增强和加强。

五、丰富审美情感

语文这门学科并不是一门简单的工具学科，更具有艺术的特点，在语文教学的过程当中，为了能够有效促进学生的创新意识提升和创新能力培养，从丰富审美情感的角度入手也会取得良好的效果。社会的进步要求现代人具有更高的综合素质和较高的求真、求善、求美的能力，而追求美则是求真求善的统一体。这无疑是培养具有崇高审美理想、正确的审美观念、健康的审美情趣、敏锐的美感、明晰的审美鉴赏力和丰富的审美能力的最佳途径，是按照"美的规律"来创造美育的。现代教学改革也认为，没有审美能力的人不是全面发展的，但现实的语文教育却让人忧心忡忡：功利主义、语文阅读教学的实用主义、不现实的作文指导等。这种失衡与教学活动的客观规律背道而驰，要加快现代汉语教学的发展，以适应社会和时代的需要。而另一方面，从认知的角度出发，使教学的探索受到限制，产生了学习倦怠、学习效率低、身心健康受损、个体片面发展等现象，其不良作用越来越严重。这种深刻的反思促使人们将语文教学的视野转变为认知领域，而不是扩大其视野，包括情感因素。因此，作为教学中一个重要的非智力因素，情感，尤其是审美情感，越来越受到现代教学改革者的重视。

语文学科是学生直接接受美育的典型课程，尤其是引导学生审美情感的培养。语言教学与审美情感是相辅相成的。首先，语文的本质决定了审美情感已成为语文教学的一个重要特征。这是由语言材料的特点和教学特点决定的。就听、说的内部语言而言，汉语是思维的符号、工具和物质外壳；就外部语言而言，语言是表达的工具。在汉语中，语文学科充满了思想、精神和文化，充满趣味和美感，它是语言形式的高度应用和语言内容的审美教育。学生在接受外部语言形式的同时，必然受到内在的审美情感教育。其次，语文教学是培养审美情感的最佳途径。语文教学与数学、政治相比，更有利于审美情感教育。这是因为在语文教材方面，有很多审美因素。语文教学活动中的教师和学生都具有潜在的审美能力和情感体验。因此，语文与其他学科的重要区别在于情感，语文教学中始终伴随着审美情感。

语文教学是双面的，不仅要教学生的知识和技能，还要让学生了解文章的内容。在过去的语文教学中，往往有这样一种现象，一篇文章被分为词、词的形式和意义，如果有一千个段落或层次，则从中心的中心来总结中心思想。一个简单的操作过程，从传统的思想出发，我们把教材当作知识的载体，使文学作品可以分为知识堆。这种解题的教学方法使优美的文章教学陷入枯燥、乏味的泥沼之中。这是当前语文课堂中一个现实而严峻的问题，应该引起我们的反思。学生的审美建构大多没有意识和接受。这就是所谓的"内化"方式，即"缓慢、渐进、缺乏理性内容和系统性、创新性"。然而，只有这种"内化"的建构方法是不够的，它还需要另一种"外化"的方式，即外部对象的心理对抗、实践创造的心理行为和外在行为，以及创作结果、审美体验、审美意象和物化新形象。为了丰富和重组原有审美心理结构，自我创造精神和物质的方式、体验和反馈被浓缩为心理结构。简而言之，在自觉的主动审美中创造审美心理结构，创造美。

美育的意义在于培养人和美化人。语文教科书是一个美丽的世界，绝大多数作品都与美有关，它与人的审美息息相关。可以说，汉语是人的精神家园，是人类审美的集中体现。这种情感规律与其他学科是无与伦比的。今天，素质教育正在培养人的全面发展。美育与语文具有质的统一性。因此，语文教学要用"美"来吸引学生，其目的是在教学中实施美育，没有美育，就是不完整的教育。教育的本质是培养人的道德素质和科学文化素质，培养人的全面发展、智慧、身体和美，最终实现人自身的美化。语文教学中美育的实施也是合乎逻辑的。

第三章　高中语文教学的创新策略

第一节　语文教学的兴趣激发

语文教学是教师和学生共同参与的活动，教师教学的效果不仅取决于教师本身"教"的质量，同时也从很大的程度上依赖于教师是否能够激发学生的学习动机，使学生真正走进课堂，主动参与语文教学活动。

一、语文教学激发的意义

语文教学激发策略是教师在语文教学中采取多种手段激发学生的学习动机，最大限度地挖掘学生潜能，促使学生能高效地进行自主学习，以获得全面发展的教学手段。课堂激发策略的运用对于更新教学观念，优化课堂教学，提高教学质量，开发教学资源，推进教学改革，实现教育创新，培养高素质的人才，具有重要的现实意义。

（一）充分调动学生的学习兴趣

美国哈佛大学心理学教授威廉·詹姆斯在研究中发现：按时计酬的职工仅能发挥其能力的20%～30%，而受到充分激励的职工，其能力可发挥80%～90%。这表明，同一个人在充分被激励后所发挥的能力相当于被激励前的3～4倍。同样，在教学领域中教师也认识到，教学生不感兴趣的知识使教学将引向一潭死水，学生如果缺乏对某门课程的学习兴趣和动机，教学将会令学生感到厌烦。

（二）形成良好语文教学氛围

早在两千多年前，柏拉图就说过："强迫的学习不会在心灵中长久地保存。"语文教学从本质上讲是一个教师指导下学生积极学习、主动参与和独立思考的过程。学生如何参与语文教学,对于其身心发展具有不同的作用。在以学生为主体的语文教学中如果缺少了学生的主动参与,那么这种语文教学已经否定了其本身的意义,而只是把个体活生生的生命窒息于机械记忆、呆读死记之中,严重剥脱了学生在语文教学中的主体地位、主体权利和反思批判意识。这种灌输式的语文教学就像陶行知先生所批判的那样,是一种强迫"鸡吃米"的教育。也就是说,学生参与语文教学的程度不同,语文教学的质量和效果是不一样的:如果学生能够主动地参与到语文教学中来,积极提前预习、提出问题、思考问题,那么他对学习内容的理解就会比较深刻,对知识的掌握就会比较牢固,学习兴趣、学习能力就会得到不断提高和发展;否则,语文教学就无法取得理想的效果。从这个意义上讲,学生的主动参与是提高语文教学质量的基础。

(三) 有利于化解课堂中的问题行为

教师所面对的教学对象是一群心智尚未成熟、个性差异较大的生命个体,首先学生的年龄特征决定了他们在课堂上注意力集中的时间是十分有限的,特别是一些学生经常会出现一些开小差的情况,比如,看小说,做小动作,和周围的同学讲小话,甚至东张西望。这些情况都使得教师往往要花很大部分的精力来维持课堂纪律,同时也阻碍了语文教学的有效进行。

二、语文教学激发的心理学依据

人的任何活动都是由一定的动机所激发并指向一定的目的的。激发和维持学习动机是教学过程中的一个重要环节。了解影响学习动机的各种因素以及这些因素的作用机制,对于有效激发学生学习动机具有十分重要的意义。

(一) 动机与学习动机概述

1.动机的一般概念

在西方心理学中,"动机"(motivation)一词源于拉丁文"moveo",而moveo这个词的原意则包括"开始行动""活动"以及"促进活动"等含义。由此衍生出来的"动机"一词,自然也就喻示着机体活动的激发、维持与引导等过程。动机是以内驱力和诱导为必要条件而存在的。有机体的内驱力可以分为生理和社会的两种。生理的内驱力,如饥渴、休息、睡眠等,亦可称为第一级水平的内驱力;社会的内驱力,如认可、从属、爱情、独立等,亦可称为第二级水平的内驱力。无论哪种内驱力都与需要密切联系,都能引起有机体活动的激活状态。但需要和内驱力并非同一状态,内驱力是当需要缺失时有机体内部所产生的一种能量或冲动,以激励和组织行为去获得需要的满足。人的动机不仅可以由内部因素来激发,也可由外在刺激引起,而所有能引起个体动机的外部刺激,就称之为诱因。

2.学习动机

学习动机是指直接推动学生进行学习的一种内部动力，是激励和指引学生进行学习的一种需要。学生的学习受多方面因素的影响，其中主要是受学习动机的支配，但也与学生的学习兴趣、学习的需要、个人价值观、学生的态度、学生的志向水平以及外来的鼓励紧密相连。学习动机经常可通过外在的学习行为反映出来。当然，同一种动机可能会产生不同的行为及其结果，而相同的行为与结果也可能源于不同的动机。学习动机对学习结果的影响是通过制约学习积极性实现的。学习积极性是学习动机的一种直接的外在表现，是在学习活动中表现出来的认真、主动、顽强和投入的状态。有无动机及其动机强弱都可以通过学习的积极性水平反映出来，而不同水平的学习积极性又直接影响学习效果。

3.学习动机的种类

学习活动中动机的作用是复杂的。对广大教师来说，了解和掌握学生学习动机的类型和特点，有利于进行有效的教学激励。

（1）外在的动机和内在的动机

根据学习动机的来源，可把动机分为外在动机和内在动机。外在动机是指人在外界的要求与外力的作用下所产生的动机。例如，某些学生为了得到老师或父母的奖励或避免受到老师或父母的惩罚而努力学习，他们从事学习活动的动机不在学习任务本身，而是在学习活动之外。内在动机是指由个体内在需要引起的动机。例如，学生的求知欲、学习兴趣、改善和提高自己能力的愿望等内部动机因素，会促使学生积极主动地学习。

内在动机与外在动机的划分不是绝对的。由于学习动机是推动个体从事学习活动的内部心理动力，因此，任何外界的要求、外在的力量都必须转化为个体内在的需要，才能成为学习的推动力。在外部动机发生作用时，个体的学习活动较多地依赖于责任感、义务感，或希望得到奖赏、避免受到惩罚的意念，这些心理过程同样属于需要的范畴。在这个意义上，外在动机实质仍然是一种内部动力。

（2）近景的直接性动机和远景的间接性动机

根据学习动机的作用与学习活动的关系，可以分为近景的直接性动机和远景的间接性动机。前者是与学习活动直接相联系的，来源于对学习内容或学习结果的兴趣。例如，学生的求知欲、成功的愿望、对某门学科的浓厚兴趣以及老师生动形象地讲解、教学内容的新颖等都直接影响到学生的学习动机。这类动机作用效果比较明显，但稳定性比较差，容易受到环境或一些偶然因素的影响。

远景的间接性动机是与学习的社会意义和个人前途相连的。例如，学生意识到自己的责任，为了不辜负父母的期望，为争取自己在班集体中的地位和荣誉等都属于间接性的动机。那些高尚的、正确的间接性动机的作用较为稳定和持久,能激励学生努力学习并取得好成绩。而那些为父母、老师的期望或是为了自己的名声、地位的动机,其稳定性和持久性相对比较差,容易受到情境因素的冲击。

(3) 一般动机与具体动机

根据学习动机起作用的范围不同,可将学习动机分为一般动机与具体动机。一般动机是在许多学习活动中都表现出来的、较稳定、持久地努力掌握知识经验的动机。该动机贯穿于学校生活的始终,甚至在以后的工作中或毕业都具有这类动机。具体动机是在某一具体学习活动中表现出来的动机,有这种动机支配的学生,常常只对某一门或某几门学科内容感兴趣,而对其他学习内容不予注意。这类学习动机多半是在学习过程中因学业成败或师生关系的影响而逐渐养成的。

(二) 学习动机的实质

对于学习动机的实质及其培养与激发的规律,心理学家提出了种种不同的理论,这些理论从不同的角度解释了人类的学习行为。

1.需要层次理论

需要层次理论是人本主义心理学理论在动机领域中的体现,美国心理学家马斯洛是这一理论的提出者和代表人物。马斯洛认为人的基本需要有五种,它们从低到高依次排列成一定的层次,即生理的需要、安全的需要、归属和爱的需要、尊重的需要和自我实现的需要。在人的需要层次中,最基本的是生理需要,如对食物、水、空气、睡眠、性等的需要;在生理需要得到满足之后,便是安全需要,即表现为个体要求稳定、安全、受到保护、免除恐惧和焦虑等;这之后是归属和爱的需要,即个体要求与他人建立感情联系,如结交朋友、追求爱情;随后就是尊重的需要;最后便进入自我实现的需要。自我实现作为一种最高级的需要,包括认知、审美和创造的需要,它具有两方面的含义,即完整而丰满的人性的实现以及个人潜能或特征的实现。从学习心理学的角度看,人们进行学习就是为了追求自我实现,即通过学习使自己的价值、潜能、个性都能得到充分而完备的发挥、发展和实现。因此可以说自我实现是一种学习动机。需要层次理论说明,在某种程度上学生缺乏学习动机可能是由于某种缺失性需要没有得到满足而引起的。如家境清贫使得温饱得不到满足;父母离异使得归属与爱的需要得不到满足;教师过于严厉和苛刻,使得学生安全需要和尊重需要得不到满足等。而正是这些因素,会成为学生学习和自我实现的主要阻碍。所以,教师不仅要关心学生的学习,也应该关心学生的生活和情感,以排除影响学习的一切干扰因素。

2.归因理论

人们在做完一项工作之后,往往喜欢寻找自己或他人之所以取得成功或遭受失败的原因。这就是心理学家探索归因问题的客观依据。最早提出归因理论的是奥地利社会心理学家海德。他认为，人们具有理解世界和控制环境这样两种需要，使这两种需要得到满足的最根本的手段就是了解人们行动的原因，并预言人们将如何行动。行动的原因或者在于环境，或者在于个人。他人的影响、奖励、运气、工作难易程度都是环境原因。如果把行为的原因归于环境，则个人对其行为结果可以不负什么责任。人格、动机、情绪、态度、能力、努力等都是个人原因。如果把行为归于个人，则个人对其行为结果应当承担责任。在海德研究的基础上，韦纳对行为结果的归因进行了系统探讨，发现人们倾向于将活动成败的原因即行为责任归结为以下六个因素：即能力高低、努力程度、任务难易、运气好坏、身心状态、外界环境。同时韦纳认为这六个因素可归为三个维度，即内部归因和外部归因、稳定性归因和非稳定性归因、可控制性归因和不可控制性归因。归因理论是从结果来阐述行为动机的，它的理论价值与实际作用可以归纳为三个方面：一是有助于了解心理活动发生的因果关系；二是有助于根据学习行为及其结果推断出个体的稳定心理特征和个性差异；三是有助于从特定的学习行为及其结果预测个体在某种情况下可能产生的学习行为。正因为如此，在教学中运用归因理论以了解学生的学习动机，对于改善其学习行为，提高其学习效果也会产生一定的作用。

3.自我决定理论

自我决定理论是由美国心理学家德西提出的，这种理论强调自我在动机过程中的能动作用，认为自我决定是一种涉及经验选择的人类机能品质，由它组成内在动机。自我决定是人的一种选择能力。人们行为的决定因素是自我决定，而不是强化序列、驱力或其他任何力量。在德西看来，自我决定不仅是个体的一种能力，它还是个体的一种需要。人们拥有一种基本的内在的自我决定的倾向性，这种倾向性引导人们从事感兴趣的、有益于能力发展的行为，以便形成与社会环境的灵活适应。德西等人认为，人们形成了解释信息的不同因果取向，包括个人取向和非个人取向。个人取向指个体把自己知觉为行为的原因，又叫自主取向；非个人取向指个体的行为受外部因素的影响，又叫控制取向。采用哪种因果取向将决定行为的结果是自我决定还是非自我决定。在此基础上，自我决定理论将人类行为区分为两大类：自我决定行为和非自我决定行为。自我决定行为基于对人们需要的认识，其特点是设计和选择行为，这种行为在于满足人的需要；而非自我决定行为，没有真正的选择，它受外在刺激的控制，因而是无动机。

（三）学习动机的激发与培养

动机是活动的原动力，学习动机推动着学生活动，可以认为是学习过程中的核心。我们知道成功的学习活动总是伴随有积极的学习动机，而无动机的学习活动大多是敷衍了事，一事无成。因此，作为教师的一项重要任务，就是对学生学习动机的激发和培养。

1.建立学习定向的课堂环境

所谓"学习定向的课堂环境"，指的是建立一种使学生倾向于学习活动的环境气氛。学习定向课堂的特征是：学生进入课堂即为学习活动或学习内容所吸引；建立起强烈的学习意向；在学习过程中通常都体验到成功，很少有焦虑体验。学生在这样的环境中具有高度的学习积极性，尽管有时他们也会体验到失败，但这种失败体验并不是一种惩罚，而是对努力不够的学生的一种反馈。

欲建立这种课堂环境，需要注意以下几点：

首先是要集中学生的注意力，当学生进入学习情境时，教师应设法把学生的注意力集中于学习活动之上，排除分散学生注意力的干扰；其次是要帮助学生建立学习意向，在把学生的注意力集中到学习活动或学生内容之上以后，必须设法帮助学生建立学习意向。建立学习意向，最初主要利用学生的认识好奇，同时对这种好奇的表现给予鼓励，使之形成习惯，从而建立起学习意向。最后就是要消除学生的高焦虑。在学生中常见的焦虑是测试焦虑，也就是考试焦虑。这是一种担心考试失败的焦虑。这种焦虑普遍存在于成就动机高的学生之中。通常，适当的测试焦虑有助于考试成绩的提高，但是高度的测试焦虑将会使考试成绩降低，从而会挫伤学生的学习积极性。消除焦虑的办法是教给学生应对考试的技巧，以及如何做好应考的心理准备。

2.充分利用学生的需要与内在动机

学生的各种需要与内在动机是他们从事学习活动的持久动力。倘若教师对学生满足自身需要的活动给予正确指导，对他们的内在学习动机给予适当的激发，势必激起学生的学习热情，保证学习活动的顺利进行。首先从学生的需要这个角度来分析，学生的需要是多方面的，教师应设法了解学生中最普遍存在的需要，并把学习活动与内容以一定的方式与这些需要的满足联系在一起，就可以达到促进学生学习的目的。例如，把学习活动与集体荣誉感联系在一起，可使用班级间开展学习竞赛的方式实现。学生在这种竞赛中，既满足了归属的需要，同时也促进了学习活动。其次要善于利用学生的内在动机。兴趣是个人学习活动的潜在动力，唤起了学生的学习兴趣也就有助于解决激发学习动机的问题。唤起学生的学习兴趣的方法有很多，其中主要的是：第一要让学生认清学习目标；第二要让学生体验到成功的满足，教师要为学生提供获得成功的机会；第三利用直接兴趣产生间接兴趣，可使学生不感兴趣的学习内容变得有趣。

3.帮助学生确立学习目标和控制学习

学习目标的确定和学习活动的自我控制是学生的一种强有力的动机过程。在学校里，教师对学生的目标确立与学习控制给予适当的帮助，将会极大地激起他们的学习动机。学习目标意味着建立一个奋斗的标准，一个在学习上要获取某种成功的意向，这个标准或意向将贯穿在随后的日常学习活动之中。它对学生的学习活动起指导作用，使学习活动成为一种明显的目标指向性活动。

学生对自己学习活动的控制与调节反映了学生进行学习的主动性。学生若能对学习活动进行自我控制和自我调节，则说明他自愿在学习活动上花费时间与付出努力，而不是为了外在的奖励。教师帮助学生做到对学习活动实现自我控制与自我调节，可从以下几个方面入手：帮助学生确立目标；帮助学生选择实现目标的活动；帮助学生为实现目标而承担个人责任；使学生变得有信心，相信自己具有实现目标的能力。

4.及时反馈信息和实施外部调控

教师给学生的信息反馈，对他们的目标指向性活动起指导作用；而教师对学生的外部调控也在一定程度上影响学生的学习动机与积极性。教师给学生提供的信息反馈包括学生的学习结果以及教师给予的一定评论和指导。一般来说，学生及时知道自己的学习结果，会产生很大的激励作用。无论这个结果是成功还是失败，均有激励作用。因为若是成功，学生会更好地提高学习热情，加倍努力；若是失败，可从中看到缺陷所在，激起上进心，给予及时改正，也同样促进学习。许多研究结果都表明，反馈在学习上有显著效果。反馈越及时，效果越好。

为了激发学生的学习动机，教师应该对学生进行必要的外部调控，这种调控主要依靠对学生的表扬与批评、奖励与惩罚来实现。表扬和批评、奖励与惩罚对学生活动的影响问题，心理学家们做了大量的研究。一般来说，表扬与奖励象征着学习上的成功；批评与惩罚象征着学习上的失败。表扬与奖励一般都可以得到好的效果，但是，批评与惩罚如果使用不当，往往会产生与教师的愿望相违背的效果。因此，教师在使用批评与惩罚时应注意适当的方式。使用批评与惩罚的一种有效方法是设法把批评与惩罚的效果，由外部原因迁移到任务与学生自身。

三、语文教学激发的基本原则

在语文教学中对学生的激发，应遵循以下基本原则。

（一）目的性原则

任何激励都是有一定的目的的。对学生的激励也是如此，只有明确的目的，激励才有价值。第一，激励的目的必须明确。课堂管理应倡导什么、反对什么，应当通过激励明确地反映出来。如果没有明确的激励目的，学生就很难领会教师的意图，达不到激励的目的；第二，某一时期的激励目的必须明确。对学生的激励是课堂管理工作中经常采用的手段，但根据不同的时机、不同的课内课外环境，应当确立不同的激励目的，从而分清主次，达到立竿见影的激励效果。如果激励的目的不明确，或目的单一，势必会因为目的模糊和陈旧而达不到激励效果。即使是同一激励目的，也应该在一定时间后做些方式方法上的改变，以引起和维持学生较持久的参与意识。

（二）有效性原则

课堂激发的灵活性强，但也不能随意地进行。一切激发策略的运用都要服从于教学目标的达成，并以此作为检验激发是否有效的标准。激发在一定意义上就是"导"的意思，通过对学生情绪、注意力、积极性的调动，使得课堂教学沿着高效的轨道运行。这一原则要求教师在实施每个激发策略时，既要讲究高超的激发艺术，更要追求激发的实际效果，不能只求外在的激发形式而忽视学生学习的实际效果。有效的激发往往具有以下几个特征：一是"准"。教师要能准确地抓住激发的时机，从而集中学生的注意力，使得学习活动朝着一定的发展方向步步深入。二是"新"。教师的激发手段要形式多样，常用常新，学生喜闻乐见。三是"活"。教师能随时运用自己的激发策略，优化教学环节，充分地调动起学生的学习欲望和学习的积极性，使学生学得轻松、学得活泼、学得扎实。

（三）差异性原则

差异性原则，即根据不同的学生的具体情况而采用不同的激励方法进行激励的原则，也可称之为激励的个性原则。采用差异性原则主要是因为：第一，学生之间存在着较大的个性差异。对一个班级的每个学生来说其本身所具有的能力、气质、性格等不完全相同，有的甚至差异较大，这就决定了他们在学习中的表现有所不同，教师应根据他们的实际情况来决定是否激励以及怎样激励。例如，对于学习能力强的学生，他们完成某项任务是一件平常的事，可不予激励；而对于学习能力差的学生，他们完成同样的任务要付出更多的努力，这对他们来说是一个进步，可予以激励。第二，要坚持差异性原则，教师应采取有的放矢的办法进行激励。教师要从实际出发，根据不同的人，针对不同的事来权衡利弊，从而确保每项激励都能达到预期的效果。

（四）整体性原则

整体性原则包括以下两层含义：①教师进行激励时，应着眼于全局，争取在对某个人或某件事进行激励的同时，能够使全班学生都受到激励，从而调动全体学生的学习积极性，这有利于学校教育教学质量的提高。②坚持整体性原则，还要求教师在进行激励之前，对课堂管理的各项激励措施有一个整体规划，并使各项激励活动都相互促进，形成整体效应。否则，就会出现某些活动相互抵触而削弱激励的效果。

第二节　语文教学的沟通交流

教学即交流。没有交流的课堂犹如一潭死水，缺乏应有的生机与活力。在语文教学活动中，教师和学生作为参与这一活动的主体，都应该积极而又主动地进行交流。只有这样，我们的教学活动才能顺利展开，教学目标才能得以完满达成。

一、交流与语文教学管理

语文教学交流既与一般交流有共同之处，也存其自身的特点和类型。交流的顺畅与教学管理的有效密切关联，而两者对于语文教学目标的达成具有不可忽视的意义。

（一）语文教学交流的过程与类型

1.语文教学交流及其过程

"交流"这一活动的展开，一般需要两个有联系的主体同时存在，并且这两个主体之间存在着相互的信息传递，即当其中的一个主体把信息传递给另一个主体时，接收信息的这一主体就会对收到的信息加以吸收并进行加工处理，同时把处理结果以信息的形式反馈给发送信息的那个主体。

在我们的语文教学交流中，教师和学生都是作为信息交流的主体而存在。为了达到良好的教学效果，师生之间应该进行广泛而深入的交流，从而实现一种我们所期望的"教学相长"的目的。

在交流的过程中，我们一般将发送信息的那一主体称为信息源或发送者，而把接收信息的这一主体称为受众或接收者。为了说明问题的方便起见，在此我们将发送信息的那一方称为发送者，而把接收信息的一方称为接收者。事实上，光有发送者和接收者的存在，信息的交流也是不能顺利进行的。发送者发出的信息必须借助于信道才能实现高效而可靠的传递。同时在整个过程中会受到噪声的干扰。

在语文教学交流中，教师和学生都可以作为信息的发送者，但主要的发送者是教师。众所周知，我们的语文教学不是一种杂乱无章、漫无目的的活动，而是一种在一定目标指引下的有序活动。教师作为信息的主要发送者，需要对自己发送的信息承担一定的责任。因此，教师在发送信息前需要考虑以下几个方面的问题：学生想要接收哪些方面的信息？学生拥有多少与教学内容相关的背景知识？

本次教学活动的主要目标是什么？所教教学内容的重点以及可能的难点在哪里？该教学活动能够在哪些方面促进学生的发展？只有统筹兼顾以上的几个方面，教师发送的信息才会有的放矢。

当教师在权衡了上面所述的几个方面以后，就会产生一定的思想认识，这时教师可以对这些思想认识加以编码来形成信息。于是我们会问：是不是随意使用一种方式对其进行编码就可以了呢？显然是不能这样做的。虽然这样组织起来的信息能够充分代表教师的思想，但是这种编码方式呈现出来的信息却不能为学生所认同和理解。如果教师发送的信息采用了不恰当的编码方式，那么发送的信息所代表的思想与学生接收信息后处理得到的意义之间会存在很大的偏差，甚至截然相反。这样看来，教师发送给学生的信息不仅要体现教师的思想，同时还要以学生能理解的方式编码。只有这样，师生双方之间的交流才能顺利进行，教学目标才能得以实现。

在交流过程中，信息是一种能够激发人们思想的言语的或非言语的行为。词语可能会形成信息。在我们的教学活动中，大量的信息以言语的形式而存在。其实，除了言语可以作为信息的载体以外，信息也可以以非言语的形式呈现。甚至有时候以非言语形式表现出来的信息有更好的表达效果，让人感受到"此时无声胜有声"之妙。

信道是指从发送者到接收者所经过的渠道。一般说来，人们的最基本感觉可以作为信道。我们能够通过光波和声波使他人看到或听到我们的信息。电子和印刷的交流媒介可以作为信道。例如，你可以通过阅读报纸或书籍来获得别人要传达的信息。人们本身同样也可以作为信道。如果我把一些信息告诉了你，而你又把这些信息告诉了他，那么你就在这一信息传递过程中充当了我和他之间的信道。作为信息的发送者（教师）需要选择合适的信息，并对这些信息以接收者（学生）能够理解的方式进行编码，以便将这些经过编码的信息通过各种途径传达给一个或更多的接收者（学生）。

接收者指的是发送者为其发送信息的人。在语文教学交流中，虽然教师和学生都是信息的接收者，但是学生是主要的信息接收者。无论是教师还是学生，一旦接收到信息就必须对其进行解码。解码一般包括四个过程：听、看，解释，评估，反应。其中，听、看是解码过程的第一步。在教学交流中，学生通过听来接收教师发送的言语方面的信息。对于教师发送的如面部表情、声调、姿态等非言语信息，学生要通过看来加以接收。在实际的教学中，有时候学生对教师发送的信息，不是"熟视无睹"，就是"充耳不闻"，为了避免这种情况的发生，需要我们的教师在进行教学设计时花足心思，用学生喜闻乐见的形式呈现需要传递的信息，这样才能引起学生对这些信息的充分注意。

解释是解码过程的第二步。指的是学生对接收到的信息的加工处理过程。一般说来，学生接收到的信息会与其大脑中原有地与之相关的背景知识之间会发生相互作用。当新接收到的信息与其认知结构中的背景知识相一致时，就会对这些信息进行同化处理；如果不一致时，就会对认知结构中的知识进行改造，使其顺应接收到的新信息。由于学生在其认知结构中背景知识、教师信息编码方式等因素的限制之下，学生对接收到的信息加以解释得来的意义会与教师要传达的思想之间可能会存在一定程度的偏差或失真。同时学生会自以为是地认为这种存在偏差或失真的解释是正确的，在以后的考试中遇到相应的试题就会胸有成竹地将这种解释以答案的形式展现在答题纸上。这样教师可以通过答案来了解学生对自己所传递的信息在理解上有多大程度的偏差或失真。

评估是第三步。学生对教师传达的信息进行解释以后，就会对这些信息的价值进行评估。他们就会认为某些信息对自己有用，而有些信息对自己毫无用处。一般说来，学生对知识价值的评估存在很大的主观性。学生会从自身的需求以及外在的情形来评判信息的用处大小。例如，学生会从今后职业发展的角度来评估从教师那里接收来的信息。如果有利于今后职业的发展，认为其价值重大；如果与以后的职业发展相关性不大，就会认为其不重要。事实上，从学生素质的全面提升以及教育的终极目标来看，无用的知识往往是对人的全面发展是最有利的。

第四步是反应。一旦评估结束后，学生会开始对他们所接收到的、解释的、评估的信息有所反应。这种反应有时候以外显的形式表现，而有时候又以内隐的方式存在。在课堂教学交流中，反应可以帮助教师决定教学进程的何去何从。如是快速前进还是放慢进度？是增加相关背景材料还是删除部分不重要或无关紧要的内容？如果教师一味地按照自己预先设定的教学进程安排教学，不考虑学生的反应所表现出来的反馈信息，那么我们的教学交流就会陷入一种教师在唱"独角戏"，而学生却"不知所云"的境地。更不要说体现教学的生成性了。为了让更多的学生跟上教师的教学步伐，获得充分发展，需要教师以敏锐的眼光来捕捉学生的每一个细微的反应，及时得到反馈信息并做出相应的教学调整，使自己的教学回到与学生相适应的正常轨道上来。

2.语文教学交流的类型

不管是对于课堂中的教学性交流，还是生活中的人际交流来说，交流的方式是非常多样的。然而我们却可以按照一定的标准对其进行分类。例如，我们可以按照交流的效果如何，将交流分为有效交流和无效交流；也可以按交流信息的载体来分，把交流分为言语交流和非言语交流。当然，我们还可以依照其他的标准，将交流加以分类。在这里我们主要介绍按照上述两种分类标准划分出来的四种交流形式。

（1）有效交流和无效交流

教师的语文教学是一定要讲究效果的，甚至可以说要一直在不断地追求效益的最大化，谁都不愿意"劳而无功"。对于教师课堂教学的重要部分——教学交流来说，也是要达到一定的效果的。在语文教学中出现了较多的无效交流，教师作为主要的信息发送者应当承担主要的责任。比如，有的教师不综合考虑学生的心智发展水平、原有的知识基础等因素的制约，一味地以不适合学生接受能力的方式向学生传递在教师本人看来所谓非常简单的知识；而有的教师在上课时使用的交流方式比较单一，于是很难长时间地保持学生的注意力；还有的教师不注意锤炼自己的语言，教学语言不生动有趣，缺乏激情与活力，导致教学效果不好。当然还有其他方面的原因，在这里就不一一列举了。教学中出现了太多的无效交流是谁也不愿意看到的。作为"闻道在先"的教师应该积极主动地做出多方面的努力，尽可能地减少无效交流，增加有效交流。

（2）言语交流和非言语交流

我们所理解的交流时的言语，既可以表现为口头言语的形式，也可以表现为书面语言的形式。而非言语交流则表现为面部表情、声调、姿态等形式。在语文教学交流中，言语由于能直接表达信息发送者的思想观点，而成为师生交流的主要载体。然而只有言语的交流是远远不够的。因为人类是富于情感的高级动物，表达人类喜怒哀乐的众多情感单凭言语是无法达到的。要想把人们内心的情感淋漓尽致地展现出来，更需要非言语信息的帮助。例如，为了表达我们的喜悦心情，我们可以将"我很高兴"这几个字写在纸上或从口中说出来让别人知道；但是我们也可以通过迷人的"笑"来表露我们的喜悦之情。我想绝大多数人一定会更愿意接受我们第二种表达喜悦的方式，因为这样会比言语信息更具有感染力，让接收信息的人感同身受，甚至会产生共鸣。因此，教师要善于灵活运用言语信息和非言语信息，使它们恰到好处地为我们的语文教学交流服务。

（二）交流对于语文教学管理的作用

缺乏管理的课堂犹如一盘散沙，会不时地出现一些影响语文教学活动顺利进行的突发事件。在这里我们把这种课堂中出现的干扰教学活动有序进行的突发事件统称为课堂事件。针对课堂中的突发事件，不同的教师会采用不同的策略使语文教学回到正常的轨道上来。正如"教学有法，但无定法"一样，我们不能简单地评判这些策略，认为何种策略优，何种策略劣。要知道处理课堂事件的方法没有最好的，只有最合适的。事实上，真正高明的管理不是课堂事件发生时采用最优的措施加以应对，而是"不管理"。这里所说的"不管理"不是真的不加管理，而是防患于未然，以使课堂事件发生的概率降到最低程度。交流作为课堂管理的

有效方式之一,能达到管理,也能达到"不管理"的目的,其在语文教学管理中的作用表现在如下几个方面:

1. 交流可以处理课堂上的问题事件

课堂上的问题事件可以说是种类繁多、形式多样。就其程度来说,有的严重,有的轻微;就其范围来说,有的波及面广,有的影响范围小;就其表现方式来说,有的外显,有的内隐。不管是针对课堂中的轻微的或波及面小的课堂事件,还是严重的或波及面广的课堂事件,教师完全可以凭借自己的聪明才智通过交流来加以应对。就拿课堂中有两位同学在说小话、不认真听讲这一事件来说吧,教师要想制止两位同学说小话可以采用不同方法。例如,教师可以把自己的课停下来,当着同班同学的面,点出两位同学的名字,并指出"请你们不要讲话了,这样会影响其他同学听课"。教师也可以把课停下来几秒钟,双眼凝视着两位正在说话的同学。这时眼神和安静会让学生感受到老师对他们的说话行为强烈地"不满",他们因此也会收敛很多。事实上,教师也可以不把课停下来,针对当前的讲课内容提出一个与之相关的而且只有听了课的同学才能容易问答出来的问题,让两位在说话的学生中的一位站起来回答。如果被抽到的那位同学回答错误或答得不完整,就接着请那位与他说话的同学来回答或加以补充。要是这两位同学都不会回答或回答得不完整,这时教师可以请一位认真听课的同学来回答。这样的做法也会让两位同学感受到老师在暗示他们"上课请认真听课"。

前面叙述了三种处理诸如有个别同学在课堂上讲话这类轻微的课堂事件的方式方法。与其说是三种管理语文教学的方法,倒不如说是语文教学交流的方式方法。可以说这些不同形式的交流是为了管理语文教学,使我们的语文教学顺利进行。虽然三种交流方式都达到了管理语文教学的目的,但是在成效方面差异却非常显著。在花费时间方面,第一种、第三种方法花费时间较多,第二种方法花费时间较少。但从浪费时间的角度来说,第一种方法纯粹是为了管理而放弃教学,花费宝贵的教学时间来处理如此轻微的事件是得不偿失的。公开的点名批评两位同学,会让他们在同学们面前感到很难堪。这样虽然达到了管理课堂的目的,却以浪费宝贵的教学时间和牺牲学生的自尊为代价,因此是不可取的。第二种方法不会浪费什么时间,而且对学生的自尊不会造成什么伤害,因此也是一种有效的管理课堂的交流方法。第三种方法的优势表现在管理课堂的同时也在实施着教学,而且不像前面的两种方法那样使课堂出现断裂。这样会使整个课堂浑然天成,实施了课堂管理却又找不着管理的痕迹,同时也保护了学生的自尊。

总之,针对同一课堂事件,管理语文教学的交流方式有很多,教师要做的就是选取一种最优的交流方式达到管理的目的。然而教师在选择时需要考虑以下几个方面:尽量避免浪费宝贵的教学时间;尽可能不要损害学生的自尊;尽力保持教师的良好形象。

2.交流可以减少课堂事件的发生

教学中出现了课堂事件，原因是多方面的。事实上有可能是学生的内在原因，还有可能教师的教学本身就存在一定的问题。特别是课堂中出现了大面积不认真听课的现象，教师应该承担主要的责任。为了减少课堂事件的发生或将课堂事件消灭在萌芽状态中，教师在不能改变学生的情况下，只能改变自己了。教师可以通过与学生的充分而有效的交流来优化教学以避免课堂中出现事件。例如，在低年级的语文课堂上，教师把一位同学请上讲台进行课文朗读。从心理学的角度，我们知道学生保持注意力的持续时间非常的短暂。教师请一位同学上台朗读，其余的同学就会觉得"事不关己，高高挂起"，于是各做各的事，甚至有的同学思想的野马跑到遥远的地方去了。就算等上台的同学把课文读完了，有很多同学的思绪还是很难尽快回到课堂上来。为了避免这种情况的发生，老师可以在请同学上台朗读之前向全体同学说明要求。教师可以边说这些要求，边给同学们做示范。这种有趣的方式不仅可以将学生维持在教学中，同时也给教师创造机会来了解学生对教学内容的掌握情况。可见，通过这种有效的语文教学交流，可以将很多课堂事件"防患于未然"。

二、语文教学交流的基本要求

语文教学交流是否顺畅受多种因素的影响，了解这些影响因素，才能更好地遵循基本要求，采取有效措施。

（一）影响语文教学交流的因素

在语文教学交流中，师生之间的交流要有序地进行，需要综合考虑各方面的制约因素。一般来说，影响语文教学交流的因素主要有以下几种：

1.学生的个体差异性

不同个性的学生在课堂上表现出不同的行为，他们的智力、学业能力倾向、兴趣、学习方式以及阅读和数学方面等基本知识存在明显的差异。在这里我们最关心的是与教学交流有直接关系的心理方面的差异。

（1）智商的差异

仅就智力测验而得到的智商而言，可以看到，人在智力发展上是有一定差异的。心理学家们把智商100看作常态标准，经过测量发现智商在90~110范围之内占总人口数的一半，处在高端和低端的是特殊的人；分数在120以上的可视为天才，而分数在70以下的则为智力迟钝者，并且这两种人在总人数所占的比例极小。

（2）性别差异

由于男女两性在生理和社会生活环境、特别是社会对他们的期待上的不同，形成了男女心理上的差异。从在校学生的情况来看，男生和女生主要在以下几个方面有差异：

①兴趣。在高中阶段，由于学科比较单一，兴趣分化不明显，男女兴趣就研究表明，男生喜欢科学，喜欢读各种书报，参加航模、无线电等科学实验性质的课外活动；女生则多对小说、电影、电视、音乐等感兴趣。

②成就动机。在高中阶段，男生和女生在学业成绩上没有一致性的明显差异。但是，如果考察一下他们的动机就会发现是有差别的。考夫曼的研究指出，男生的成就动机是内因激发的，即求知欲，或渴求活动本身的成功；而女生的成就动机是由外因激发的，多数想获得父母、教师或同学的赞赏。

③抱负水平。一般情况是，男生的抱负水平，即期望自己接受教育的水平（上大学、考研究生等）高于女生。这个特点是随着学生的年龄的增大、年级增高而逐渐呈现分化的。

④情感和意志。在情感、意志、人际交往等方面的性别差异从来都受到研究者的重视，心理学家就男性气质和女性气质做了大量的研究。所谓男性气质和女性气质，是指与男女两性生物学上的差异密切相关的个性差异。例如，富有进取心、有支配欲等被认为是男性的特点；而温和、能容忍，有些忧郁则被认为是女性的特点。由于女生在生理上比男生早熟，所以表现出对社会、生活和人生等方面更关心，情感成熟度高于男生。在学生中同年龄的男生总是显得比女生幼稚。

以上讲到的这些性别差异特征，仅仅是指性别的群体倾向性，具体到一个学生的发展过程，可能表现出性别的典型特征，也可能在某些认识能力上偏离群体特征，而表现出自己的个性特征。

（3）自尊程度的差异

自尊程度强的人，对自己评价很高，对别人的评价往往偏低；自卑的人，对自己评价很低，认为自己什么都不行，处处不如人，而对其他人往往评价较高，在与他人交往中力求让他人接受自己。自尊心强的学生很注意教师对自己的评价，大多主动地按照教师的要求去行动。教师纠正他们的不符合要求的行为时，一般不需要有严厉的批评。而教师一旦伤害了他们的自尊心，他们就有可能向教师挑战，和教师对着干，以此来维护自尊。还有一些学生表面上很自尊，但事实上，他们是由于学业上的失败而非常自卑，于是虚张声势掩盖自己的自卑。

由于个性不同，坐在同一个教室里，面对同一个教师的教学行为，学生做出不同的反应是很正常的，而学生如果做出完全一样的反应倒是不正常的了。学生的个性是学生行为的一个决定性的因素，但它并不是唯一的决定因素。正如我们在日常生活中看到的，一个学生在一种情境下做出的一种行为，在另一种情境下又做出另一种行为。这就是因为个性并不直接决定一个人的行为，行为还受到其他因素的影响。决定行为的因素除了个性以外还有环境。而教师则应努力为学生提供利于学生产生适当行为的环境。

2.教学目标

教学目标是否明确影响到课堂交流与教学效果。在传统语文教学观中，教学目标是指教师为贯彻和落实教育目的、完成具体的课堂任务所预设的一些具体的教学要求。它强调大纲和教材的规定性和教学效果评价的直接性。新的语文教学观认为，课堂是主体与主体之间的理解和合作，是主体与客体之间的沟通和对话，是个体主动建构的过程。教学目标更强调学生的学习目的性，"它简短地陈述了学生在接受学习后，应该是在自己的行为和能力上表现出来的预期成绩或进步"，并注重教学目标的生成性。

3.教学规则

课堂是教学活动的主要场所，语文教学是教学的主要形式，完善教学管理，建立语文教学规范，对于优化育人环境，维护正常教学秩序，保证和提高教学质量，都是十分必要的。为了达到这些目标，不同的学校或教育机构都制订了一系列的语文教学规则。比如：迟到者进入教室前，应先在教室门口立正，向教师喊"报告！"，待教师点头同意并说"请进"后，学生方可进入教室入座。未经教师许可，迟到学生不得随意闯进课堂。合理的教学规则保障了语文教学交流的顺利进行。

（二）语文教学交流的基本要求

1.公平地对待学生

教育公平一直是人们议论的敏感和热点话题之一。事实上，要保证教学公平，就是要达到教育起点和教育过程公平。教育起点公平就是要让每一位适龄学生有学上，而教育过程公平就是让孩子们上质量有保证的学。在九年义务教育基本普及的今天，我们所提倡的教育公平更多地表现为教育过程的公平。语文教学作为教育过程最重要的组成部分，应该成为体现教育公平的主阵地。因此，教师在与学生进行语文教学交流时，应该让更多的学生参与进来，从而能够促进尽可能多的学生的全面而充分的发展。然而，在实际的语文教学交流中，情况却不令人乐观。就拿教师课堂提问来说，有些教师会经常抽学习成绩好的、性格活泼开朗、表现积极的学生回答问题，而那些学困生、性格内向者一学期下来几乎"无人问津"。从教育学以及教育公平的角度来说，教师提问时避开学困生、性格内向者是不允许的。因为这样会造成优者更优、劣者更劣，从而使教学陷入无止境的恶性循环之中，两极分化现象越来越严重。这样虽然能够保证培养出一部分优秀人才，但是这却以牺牲大多数学生的发展为代价。要知道学校培养出来的学生最终要走向社会，成为建设国家的各行各业的劳动者。学校培养出来的那部分优秀学生能够为国家社会做出很大的贡献，这是毫无疑问的，但是他们却占总人数的比例太小，因而对社会的贡献也是有限的。一个社会乃至一个国家要实现其健康快速稳定的发展，就需要学校为其提供尽可能多的高素质的合格公民。因此，教师在进行语文教学交流时，不仅要关注学习成绩优异、性格开朗的学生，而且更要特别照顾那些学困生、性格内向者，从而使我们的课堂中不存在处于"边缘"位置的学生，每一个学生都能实现其自身的充分发展。

2.保护学生的自尊心

在日常生活中，人与人之间的交流是以相互尊重为前提的。同样地，在语文教学交流中，教师与学生之间的交流也需要彼此尊重对方。然而，在实际的教学中，有相当一部分教师却不能懂得这一点，在一定程度上伤害了学生的自尊心。这里同样以教师请学生回答问题为例。如果教师请了一位基础较差或性格较内向的学生来回答，而这位学生由于种种原因不能回答出来，这时性格急躁的老师也许会说"就知道你答不出，给我坐下"。相信任何一位学生听到老师在同学们面前这样说自己，都会受到一定程度的打击。尤其是那些学困生或性格内向者，他们平时就认为自己比别人差，显得很不自信。老师这样一说，他们就更加坚定地认为自己是一个"破罐子"。在以后的学习、生活、工作中，他们会"破罐子破摔"就不觉得奇怪了。事实上，在教师看来一句微不足道的话，而在学生心目中比千斤还重，甚至会影响学生的一生。因此，即使教师知道学生回答不完整或者答不出来，也要真诚地对学生给出的回答给以肯定的评价，或当着同学们的面说："老师知道你上课认真，一定能回答得出来，只不过一时紧张，暂时回答不出。你先坐下来，再思考一下，同时看其他同学怎么回答。"教师这样对学生一说，学生心里会认为自己在老师心目中是一个好学生。为了不辜负老师对自己的期望，在以后的学习中，该学生会表现得更积极、更努力，以崭新的姿态对待学习。随着他学习态度的转变，他的学习成绩也会有明显的提高，这样会使他的自信心大增，相信自己并不比别人差，只要自己肯努力，就是可以成功的。老师这样的几句话，却把学生的学习乃至人生引向一种良性循环。

3.倾听学生的心声

在语文教学交流这一活动中，教师和学生都是作为主体而存在。由于教师"闻道在先"，在语文教学交流中是主要信息发送者，但这并不能成为剥夺学生作为信息发送者的权利的理由。事实上，教师作为信息发送者所体现出来的"教"是为了促进学生更好的"学"。教师向学生发送各种信息是以教师心目中所理解的学生为依据的。由于教师对学生的理解存在一定的主观性，教师心目中的学生与现实中的学生会存在一定的差距。为了实现师生之间的有效交流，就必须尽力缩小差距。一种有效的办法就是让学生实施其作为信息发送者的权利，让他们通过"说"来向教师展现他们真实的自己。因此，教师在语文教学中要为学生创造尽可能多的机会，来让学生说出自己的心声。同时，在学生说的过程中，教师要认真倾听学生发言。不要觉得这样会浪费宝贵的语文教学时间，这是教师了解学生，获得教学反馈信息的良好机会，同时也是锻炼学生口头表达能力的有效办法。

4.明确语文教学目标

语文教学活动是为了实现一定的教学目标而组织起来的。因此，课堂中教师与学生之间的交流需要有明确的教学目标。在实际的教学中，有很多教师往往顾此失彼，要么紧扣了教学目标却不能很好地与学生交流，要么与学生展开了充分而有效的交流却偏离了教学目标。两者之间的关系应该是：教学目标统领教学交流，而教学交流要为实现教学目标服务。教师作为教学交流的主要信息发送者应该承担主要的责任，尽力在教学目标与交流之间取得平衡，尽可能地实现教学设计时预先设定的教学目标。这里并不是说我们的教学活动要始终按照预先设定的进程来进行，教师可以根据与学生交流获取的反馈信息，及时地对教学进程进行调整，但是这种调整也是为了能够实现整堂课的教学目标。而且在语文教学交流中，当学生作为信息发送者时，由于对授课教师整堂课的教学目标不是很清楚，加上本身的学识和能力相当有限，就不能很好地围绕教学目标来组织自己向老师和同学发送的信息。这时教师应当发挥自己作为语文教学中的主导者的作用，在学生发送的信息偏离语文教学目标时，及时地将他们引导回正常的教学轨道上来。

5.注重发展学生的能力

无论是教学内容的选择，还是教学进程的安排，目标只有一个，那就是要促进学生各方面的发展。教学交流作为课堂中的重要组成部分，应该成为促进学生能力发展的有效推动器。教师可以通过提问、探究等方式引导学生分析问题、解决问题，以便发展他们的思维能力。教师也可以通过营造一种开放的课堂交流氛围，让课堂成为批判性思维、创新精神的发源地，从而培养学生的创新能力。这样学生的学习更多地表现为发现学习或有意义的接受学习，更少地表现为机械的接受学习。

第四章　高中语文教学的有效途径

第一节　语文合作学习

合作学习作为一种有独特优势的学习方式正在语文教学中推广。合作学习有着其他学习方式所不及的长处，但实施过程对语文教师教学的要求更高。尤其是合作学习实施中的课堂教学管理，比以往的课堂管理难度更大，而组织管理是否有效直接关系到合作学习的效果。

一、合作学习概述

与其他学习方式比较，合作学习的特征十分明显，其价值亦有其独到之处。深入理解合作学习的特征、要素、具体方式和意义，有助于在教学中更好地组织合作学习，达到其应有的目的。

（一）合作学习的含义

由于不同研究者对合作学习的认识视角有着很大的差别，因此对于合作学习的界定也不尽相同。

1.国外学者对合作学习的理解

美国明尼苏达大学"合作学习中心"的约翰逊兄弟认为：所谓合作学习就是"在教学中采用小组的方式以使学生之间能协同努力，充分地发挥自身及其同伴的学习优势"。

杰克布斯等人则认为：合作学习是帮助学生最有效地协同努力的原则和方法。

美国约翰茁普金斯大学的斯莱文教授认为：合作学习是指使学生在小组中从事学习活动，并依据他们整个小组的成绩获得奖励或认可的课堂教学技术。他认为合作学习的共同特征表现为以下六个方面：小组目标、责任到人、公平的成功机会、小组间竞赛、任务专门化、适应个别需要。

嘎斯基对合作学习的看法是：从本质上讲，合作学习是一种教学形式，它要求学生在一些由2～6人组成的异质的合作小组中一起从事学习活动，共同完成教师分配的学习任务。在每个小组中，学生们通常从事各种需要互动的学习活动。

2.国内学者对合作学习的界定

国内学者认为合作学习其内涵至少涉及以下几个方面：①合作学习是以小组活动为主体进行的一种教学活动；②合作学习是一种同伴之间的合作互助活动；③合作学习是一种目标导向活动，是为达成一定的教学目标而展开的；④合作学习是以各个小组在达到目标过程中的总体成绩为奖励依据的；⑤合作学习是由教师分配学习任务和控制教学进程的。综合上述多种表述，我们认为合作学习可以界定为：是以合作学习小组为基本形式，系统利用教学中动态因素之间的互动，促进学生的学习，以总体成绩为评价标准，共同达成教学目标的教学活动。

（二）合作学习的基本要素

为了更好地在语文教学实践中有效地组织合作学习，就有必要分清什么是合作学习的基本要素。合作学习的基本要素就是指任何一个合作学习都必须具备的因素，不管合作学习的具体方式、方法如何，离开了这些基本因素，就不是真正的合作学习。这些基本要素是合作学习区别于其他教学活动的特定品质。合作学习的基本要素包括以下几个方面：

1.相互依存性

要顺利地开展合作学习，避免"搭便车""小权威"等现象的出现，一个非常重要的因素就是应该使学生之间建立起积极的相互依存关系。即每个学生必须清晰认识到他与组员之间密不可分的关系：第一，组员成功，自己才能成功，反之亦然；第二，自己的努力是小组成功必不可少的条件，小组的成功离不开每一个人的积极贡献。在合作学习中，小组成员之间有着"我为人人，人人为我""同舟共济"的依存关系，这是合作学习必备的一个基本要素。合作学习中学生的相互依存性具体体现在：共同的小组目标、组员角色互补、资料共享以及共同的奖励。

2.合作的意愿

在合作学习中，需要学生们相互鼓励、支持和帮助，有着为了达成共同的目标、取得良好成绩、完成任务等而努力的意愿，以及组内合作，组间良性竞争的态度。具体表现为：相互之间能提供足够和有效的帮助；能诚恳交流所需的信息和材料；相互信任；对彼此观点进行质疑，群策群力。

3.个体的责任

合作学习的主要代表人物斯莱文、约翰逊等人认为，个体责任的存在是所有成员都能从合作学习中受益的关键。个体责任是指每个学生都必须承担一定的学习任务，并对自己和小组工作的最终结果负责。个体责任通常是通过对每个学生表现的评估来体现的，通过反馈评估情况，增强每个学生的责任心。在合作学习中，当每个小组成员明确认识到个人的存在对小组的意义，认识到个人与集体的关系时，才能真正主动参与讨论，克服消极等待或依赖别人的心理。个体责任是合作学习的另一个实质性的要件。

4.合作的技能

合作学习与竞争性学习以及个体化学习不同，在合作学习中，学生们必须同时进行两种活动，一种是作业活动（学习学科知识），另一种是小组活动（在合作的学习形式下学习）。所以这需要学生掌握一定的社交技能，才能进行高质量的合作，以更好地促进学习。为了协同各种努力以达成共同的目标，学生必须学会：彼此的认可和相互信任，进行准确的交流，彼此接纳和支持，有效地解决组内的冲突，建设性地解决问题。

5.积极的自评

合作学习小组必须定期地评价共同活动的情况，保持小组活动的有效性。它的目的在于，帮助小组学会怎样更好地合作，从而提高小组成员的合作学习水平。小组自评主要涉及三个方面的内容：一是总结小组成功的经验，对小组活动中表现出来好的方面和经验进行总结和归纳；二是对小组活动中存在的问题和原因进行分析；三是对以后小组的发展方向和目标提出明确的要求。当然，在自评中，值得讨论的问题远远不止这些，任何跟合作学习有关的问题都可以也应该在小组自评中进行讨论与交流。通过自评为每个组员提供一个开诚布公地探讨组员之间关系的机会，这有助于小组成员维持彼此良好人际关系和工作氛围，增强小组成员的积极正向行为和小组凝聚力。在小组自评中，每个组员都可以得到同伴对自己行为的评价和感想，使每一组员对自己的参与情况有一个明确的了解。这种积极反馈对自我意识的增强以及合作技能的成熟都很有帮助。

（三）合作学习的具体方式

1.学生小组学习

学生小组学习是约翰斯·霍普金斯大学开发与研究成功的合作学习技术。他们认为有三个概念对所有的学生小组学习法十分重要：小组奖励，个体责任，成功的均等机会。小组奖励指如果小组达到了预定的标准，那么小组就可以得到认可或得到其他形式的小组奖励。个体责任是指小组的成功取决于所有组员个人的学习。成功的均等机会是指学生通过提高自己以往的成绩水平来对小组做出贡献。

有两种是适合于大多数学科和年龄水平的普通合作学习法:学生小组成绩分工和小组游戏竞赛。

(1)学生小组成绩分工

学生被分成4人小组,要求组员在成绩水平、性别和种族方面具有混合性。先由教师授课,然后学生们在他们各自的小组中进行学习,使所有的学生都掌握教师教授的内容。最后,所有学生就学习的内容参加个人测验,此时不再允许他们互相帮助。学生的测验得分用来与他们自己过去取得的平均分相比,根据他们达到或超过先前成绩的程度来记分。然后将这些分数相加得到小组分数,达到一定标准的小组可以得到认可或得到其他形式的奖励。

这一方式已在相当广泛的学科中得到应用,数学、语言艺术以至社会学科,最适合于有一个正确答案的界定清楚的目标教学。在这一策略中,起作用的是学业的进步而不是学业的成功。这是一种把合作与学习评价联系起来考虑的教学策略。

(2)小组游戏竞赛法

小组游戏竞赛法是约翰斯·霍普金斯大学所创设的合作学习方法中最早的一种,它运用与学生小组成绩分工法相同的教师讲授和小组活动,不同的是它以每周一次的竞赛替代测验。在竞赛中,学生同来自其他小组的成员进行竞争,以便为他们所在的小组获得分数。成绩优秀的小组获得认可或其他形式的奖励。

学生小组学习法主要是通过成绩的评价来鼓励每个学生参与,但由于它比较适合有一个正确答案的界定清楚的目标教学,同时,只采用成绩评价也不太有利于学生的学习。

2.切块拼接法

切块拼接法最初是由阿伦逊及其同事于1978年设计的。在这一方法中,首先,将学生安排到6人组成的小组中,将一项学习任务分割成几个部分或片段,每个学生负责掌握其中的一个部分;其次,把分在不同小组而学习任务相同的学生集中起来,共同学习和研究所承担的任务直至掌握。最后,再回到自己的小组中,分别将自己所掌握的部分内容教给其他同学。这是将合作与学习任务挂钩的一种教学策略。

此方法进行了学习任务的分割但由于学生只学了其中一部分,对所学内容缺乏整体把握,不利于学生全面掌握知识。

3.共学式

共学式是由明尼苏达大学的约翰逊兄弟于1987年创设的。学生们在小组中共同学习统一分配的教材,共提交一份报告单或答卷。奖励也是以小组为单位进行,根据小组平均分计算个人成绩。此种方法强调学生共同学习前的小组组建活动和对小组内部活动情况的定期检查。

4.小组调查法

小组调查法是由以色列特拉维夫大学的沙伦夫妇创设的。首先，由教师根据各个小组不同的情况提供有关的学习课题，由小组将课题再分解成子课题落实到每个学生身上；其次，小组通过合作收集资料，共同讨论，协同准备向全班汇报或呈现学习结果；最后，教师或学生自己就各小组对全班的贡献做出评价。这种策略在发挥学生自主性方面尤为突出，任务的关联性也很强。但此方法需延伸到课外，在合作学习实施的初级阶段，运用此方法还有一定的难度。

（四）合作学习的特征

小组合作学习中，在学习小组内部，学生个体与学生个体之间主要是一种合作关系，学习小组与学习小组之间主要是一种竞争关系。在课堂教学中，小组合作学习的主要特征如下：

1.组内异质，组间同质

合作学习小组是一种新型的结构——功能联合体，通常由4～5名在性别、学业成绩、个性特点等方面具有异质性的学生组成，尽可能地使小组的组成体现一个班级的缩影。由于在每个小组组内体现了合理差异，从而在全班各个小组之间组成了一个大体均衡、可比较的小组联合体。组内异质保证了组内各个成员之间在各方面的差异和互补，为学生与学生之间的互助合作、取长补短和优势互补奠定了基础，有利于大家从不同的角度看问题；而组间同质又为全班各个学习小组之间在同一起点和同一水平上展开公平、合理的竞争创造了条件。

2.任务分割，结果整合

在小组合作学习中，一方面，每一个人都必须为自己的学习负责，小组学习成绩的优劣与个人是否尽责密切相关，小组合作学习将小组的学习任务分解到个人，或者全班任务先分解到小组、小组再分解到个人的方法，使每个小组成员都承担了小组任务中的特定部分，一个人完不成自己承担的任务，不仅会影响自己的成功，而且也会给整个小组或全班的任务完成带来不利影响；另一方面，在小组的学习目标结构中，小组成员之间在学习内容和学习结果上有很强的相互依赖性，全体小组成员会形成一个"利益共同体"，在这个共同体中，一个人的成功并非真正的成功，只有在小组的其他成员也达到学习目标的情况下，自己才能达标。

3.个人计算成绩，小组合计总分

在小组合作学习的单元检查、测验和竞赛中，不再允许学生依靠组内其他成员的帮助，而是必须依靠自己的力量来独立完成测验，在统计小组总体成绩之前，首先要计算个人成绩。这就要求每个人都必须依靠自己的努力去独立完成学习任务，为小组做出应有的贡献。那些学业较差的学生将在其他同学的帮助和个人努力下，争取好的学习结果，以保证不再拉后腿。

4.公平竞赛，合理比较

小组合作学习的主要目的是使每一个人都有平等的机会取得成功，认为只要自己努力，有同伴之间的相互帮助，每个学生都可以做得很好。为了达到这一目的，一方面，小组合作学习采用的"个体提高分"的计分方式保证了小组内的所有成员无论成绩优劣与否，都能得到均等的成功机会。"个体提高分"是学生个体在本次测验中的分数比上次测验高出来的分数，它只在自己过去的基础上进行比较，而不是与别人比较，从而给每个学生设立了一个能够达到的目标—只要自己比以前努力，就能获得成功；另一方面，在小组合作学习中，取消了传统的常模参照评价，根据学生的学业成绩，优等生与优等生一起分组测验，差生与差生一起分组测验。各测验组每个成员的表现与原属合作小组的团体总分挂钩，优生组第一名与差生组第一名均为各自原来的学习小组赢得相同的积分。这种各人在原来起点上进行合理竞争、公平评价其贡献的做法，最终使得每个学生无一例外地得到了激励和肯定。

5.分配角色，分享领导

在合作学习小组中，每一个学生往往都具有不同的个性品质—有的善于倾听，有的善于捕捉信息，有的善于澄清事实，有的善于分析问题，有的善于组织活动，有的善于缓解冲突，有的善于组织外交。在小组合作学习中，应根据学生不同的个性特点，安排他们扮演适当的角色，承担不同的任务；同时，在不同的学习任务和课题研究之中，学生的角色可以轮流互换。这样，既保证了学习小组成员之间分工明确，秩序井然，又能使个人的优势和特长得以充分利用和彼此协调。

小组合作学习的这些特征，有效地克服了传统课堂教学中只有竞争、没有合作的弊端，通过学生之间的积极的人际交往，加强了学生与学生之间的合作、交流和沟通，并以集体促进个体进步，有助于课堂教学效果和质量的整体提高。

（五）合作学习的意义

在课堂教学中，小组合作学习的重要特征就是对生生互动，即学生与学生之间交流、合作和相互作用的高度重视。在小组合作学习看来，学生与学生之间的合作关系比其他任何因素对学生的学习成绩、社会化和身心发展的影响都更有力。北京师范大学教授裴娣娜认为：在课堂教学中，生生互动对于学生健康成长和发展的积极影响主要表现在以下几个方面。

第一，生生互动影响着学生价值观、态度、能力和认识世界方法的社会化。与学生和教师的相互作用相比，生生互动往往更经常、更亲切、更丰富多变。在生生互动中，学生通过实验和练习，逐渐熟悉各种社会角色，逐渐培养他们的沟通、理解和合作的技巧以及价值观、态度、能力和观点，促进了他们社会适应性的发展。

第二，生生互动有利于学生人格和心理的健康成长。建立和保持与他人相互依赖和相互合作的关系，是一个人心理健康、人格健全的基本表现形式之一。人的心理和人格是在人的活动中，尤其是在人和人之间的相互交往过程中发展起来的。心理学的研究表明，生生互动的频度和强度与学生未来的心理和人格的健康发展有着密切的关系，阶段的不良同伴关系将预示着成年时的心理和人格变态。

第三，生生互动有利于学生学会用他人的眼光来看待问题和社交能力的获得。作为未来的社会成员，学生必须学会用他人的眼光来看待问题，学会与同伴密切交往，热心互助，真诚相待。生生互动可以使学生达到与他人沟通的目的，消除畏惧与他人交往的心理，从而得到语言、思维以及社交意识和社交能力的培养，促进其社会性的发展。

第四，生生互动提供了更多的主动参与的机会，有利于学生主动性和创造性的发展。小组合作学习中的生生互动，把学生由传统课堂教学中知识的接受者转变为课堂教学的积极参与者，每个学生都有平等的机会在各自的小组中讨论并解答问题。同时，由于学生之间原有的认识特点、经验水平的不同，对事物的理解存在着差异，通过合作学习，可以使学生个体的认识和理解更加丰富、全面，使学生从那些与自己不同的观点和方法中得到启迪，有利于学习的广泛迁移。

二、合作学习的语文教学原则

合作学习的课堂管理应运用恰当的教育教学手段，调动学生的主观能动性，优化课堂教学结构，提高课堂教学效益，全面提高学生的综合素质。具体而言，应遵循如下原则：

（一）成功机会均等原则

成功机会均等是指学生通过提高自己的成绩来对他们的小组做出贡献。这种学习是标准参照性的，即与自己的过去的表现和成绩相比较，而不是常模参照性的。这就保证了学习上优、中、差的学生都能尽其所能，而且所有组员的贡献都会受到重视，从而达到使所有学生共同进步的目的。当代教育的核心理念是"关注每一个学生的发展"，每个学生在学习中都应该有平等的发展权利。合作学习方法倡导的异质小组，它承认学生之间存在的各种各样的差异，这样就有利于学习困难学生的进步。因而教师一定要在小组组建中将学困生和优秀生进行搭配，在小组活动中利用优秀生带动学困生学习，激发他们学习的兴趣，教会学困生学习的方法。同时教师要充分利用合作学习中设置的基础分来计算提高分，以提高分作为对学生评价的依据，这样可以激励学习困难的学生获得学习的成就感并提高他们的学习兴趣。

（二）小组激励评价原则

新的评价理念注重学生在评价中的主体地位，通过评价使学生学会分析自己的成绩与不足，明确努力的方向。还要求注重形成性评价，使学生获得成就感，增强自信心，培养合作精神。而合作学习作为一种以团体成绩为奖励依据的一种教学活动适应了新课程标准的要求。合作学习通常不以个人的成绩作为评价的依据，而是以各个小组在达到目标过程中的总体成绩作为评价与奖励的标准。这种机制可以把个人之间的竞争转化为小组之间的竞争，从而促使小组内部的合作，使学生在自己的小组中各尽所能，得到最大限度的发展。以小组总体成绩为评价依据来决定奖励，由过去对学生个人的奖励发展为面向小组的合作性奖励，这就使更多的学生获得成功的乐趣，提高了合作学习的积极性。

（三）相互依赖原则

这条原则是指教师在合作学习中，要为学生创设一个相互依赖的交往环境（包括物质的和心理的环境），使学生在完成学习任务的过程中，主体性得以充分体现，人格得以完满发展。基本要求如下：

1. 目标相互依赖

教师给每个学习小组提供一个或若干个共同目标，目标的实现依赖于每一个小组成员的齐心协力。这样做，就会使学生希望成功的动机增强，因为每一个人不仅仅是为了自己要取得成功，而且也为了整个小组成员都能成功。这种强烈的动机将会使学生更为长久地参与到教学任务中去，并且尽可能地把每项任务完成得更好。

2. 资料相互依赖

语文教师让小组成员拥有不同的资料，这些资料可以是两种：信息和设备。每一组中没有谁占有全部资料，学生必须分享各自的资料才能成功地完成某项任务。例如，分组阅读中，每个组员分到同一篇阅读材料的不同部分，然后，他们离开自己的本组与其他组有相同部分材料的同学相会组成专家组，这个专家组的目标是把这段材料学好，并准备把其内容教给本组同伴。接着，学生间到各自的小组轮流讲授各自掌握的这部分材料，共同完成整篇材料的阅读任务。这种做法能增进学生之间的交往和互相帮助。

3. 角色相互依赖

教师分配组员（或由小组自行分配）担任不同的角色共同完成某种任务，这些角色是互补的、相连的、可以轮换的，并且每种角色都要为全组承担相应的责任。由于每个人都有自己的角色和任务，因而每个学生都有均等的机会参与交流，有均等的机会表现自己和帮助他人，课堂上没有"被遗忘的角落"。这种学习，不仅增强了学生的责任感、自尊感和归属感，使每个学生都乐意为小组的成功尽心尽力，而且由于焦虑程度降低，因此，学生敢于发表自己的见解，大胆尝试新方法和发挥创造性。合作学习中的角色主要有：

总结者：向小组解释和呈现主要的结论，看看小组是否同意，并且为小组在全班面前的展现做准备。

检查者：对照课文、练习册或参考书检查有争议的陈述和结论的真实性。确保小组没有使用不充分的事实。或者不会遇到其他组的更为精确的成果展示的挑战。

研究者：当需要更多资料时（如可以进行一次采访，或从图书馆发现一种资源），他阅读参考文献，获得背景信息。研究者不同于检查者之处在于，研究者为小组完成任务提供关键信息，而检查者证实作业进展和作业结果的精确性。

经营者：他获得实现任务所需要的物品、材料、设备、参考作业。他远不是一个附属低级角色，经营者需要具备创造性、精确，甚至有谋略地去找到必需的资源，这些资源也可能正在其他组勤奋地寻找着。记录员：他承担写出该组主要成果的任务。记录员也许需要各成员写出他们各自的结论，在这种情况下，记录员将记录的工作比较、综合和整理成连贯的形式。

支持者：当任务完成时赞扬小组的成员，当泄气的时候鼓舞他们。通过图表记录小组每一个重要的足迹，并记录取得的成绩以及鼓励各成员所做出的努力，尤其是那些完成任务存在一定困难的成员，从而促使小组前进。

观察者、解决困难的人：记录有关小组进展信息，这将在全班讨论或教师询问时有所助益。当遇到一个对小组或个别成员来说无法克服的困难时，由班长或教师报告。

4.奖励相互依赖

这主要是指在学习小组中，一个或者更多的小组成员的优异表现为整个小组赢得奖励，也就是小组成绩共享。例如，教师为小组提供材料并准备小测验，每个学生的小测验成绩关系到小组的整体成绩，因此，每个学生务必为小组的整体成绩做贡献，学生对小组的贡献，是看他们在小测验中的成绩是否比他们自己过去小测验的平均成绩有所提高。这样，当小组中能力较弱的同学对小组的贡献也可能和能力强的同学一样多，他们有相同的机会为本组取得分数。当每个学生分享给予小组的奖励时，这种奖励是建设性的。它能使学生享受到更多的成功的快乐，并激励他们为继续取得成功而努力施展自己的才能，努力帮助他人也获得成功。

(四) 最小干预原则

最小干预原则是由斯莱文提出的。他认为：当正常课堂行为受到干预时，应该采用最简单的最小值的干预纠正违规行为。如果最小值的干预没有发生作用，可逐步增加干预值，主要目的是既要有效地处理违规行为，又要避免对教学产生不必要的干扰。干预的结果，应该是尽可能使教与学的活动继续进行，使违规行为得到较好的控制。

如果让那些出现了行为问题的学生成为教室里的注意力焦点，他们反而会获得成就感，进而得寸进尺。有经验的教师都会以不太引人注意的方式来处理学生的行为问题。他们会在自己的讲课中把学生的名字带进去，被叫到名字的学生自然会得到提醒，而其他学生则可能不会觉察出什么问题来。五、主体性原则

主体性原则是指在合作学习中充分调动学生的主体性、自主性、能动性和创造性，使他们积极主动地参与小组讨论和学习，获得全方位的发展。在合作学习的课堂教学管理活动中，学生不仅仅是管理的对象，也是管理的主体。学生通过能动地参与语文教学管理，自主地组织教学活动，创造性地解决教学问题，负责任地选择课堂行为来体现管理中的主体性。主体性原则包括两方面的内容：一方面，课堂管理者需要充分尊重学生的主体性，充分尊重学生在课堂中的地位，把学生看作课堂活动的主体，当作具有独立个性的人来看待，树立正确的学生观；另一方面，教师在管理过程中要创造一些有利的条件，帮助并引导学生形成主体性人格，即学生愿意自主地选择正当行为，而非某种外在权威和传统习俗的强制。也就是从"自发"到"自觉"地建立和维护课堂秩序，主动地参与课堂教学管理。由于学生主体性得到了体现，自然会产生求知欲望，会把学习科学文化知识当作乐趣，最终进入学会、会学的境界，在掌握科学文化知识的同时，提高合作意识与合作技能，使小组合作学习进入良性循环阶段。

(六) 有效指导原则

在合作学习中，把学习的主动权交给学生，提供给学生更多地建构属于他们自己意义的时间和空间，更多地展示自己思维的机会，以及更多的解释和评价自己思维结果的权利，这并不意味着教师指导作用的削弱。相反，教师应根据教学环节的变化而变化，充当有效的组织者、引导者甚至合作者。在整个过程中，教师应是以一种友好的、建设性的态度和行为，既不能过多地干预学生思考的过程和结果，又不能对学生的困难和疑问袖手旁观。正如美国课程学家多尔认为的那样，教师是"平等者中的首席""作为平等者中的首席，教师的作用没有抛弃，而是得以重新建构，从外在于学生情境转化为与这一情境共存"。

在合作学习中,不能只注重生生互动而忽视了师生互动。没有教师的正确指导,学生自身又缺乏相应的认识和方法,就达不到合作学习的目的。在教学中,教师应有意识地给予学生必要的引导,注意培养学生良好的合作能力。具体来说,合作前,教师应指导学生开展合作学习前的独立思考;合作时,教师应让学生明确合作学习的任务和目标;合作中,教师应积极推动学生合作学习行为的深入。可以说,合作学习的成功与否,同教师是否积极引导与参与是分不开的,在合作学习中,教师不是退居二线,而是担负起更大的管理和调控职责。要使合作学习顺利开展,仅仅依靠教师事先的设计是远远不够的。在开展合作学习过程中,除了事先宣布合作规则外,在很多情况下,教师必须对各个小组的合作学习进行现场的观察和介入,为他们提供及时有效的指导。

(七)师生合作原则

师生合作是指课堂主体在交往过程中所表现出来的相互依赖、相互促进、和谐一致的关系,它以主体间交互作用为中心,以合作共生为特征。通过师生共同参与到课堂教学管理之中,各司其职,相互促进,以形成最大合力。课堂作为一个活跃的功能体,置身其中的每一个人都不能以旁观者的身份游离于管理活动之外。教师作为制度化的管理者,对整个课堂教学的推进、常规事务的安排、课堂秩序的维持,做出统一的计划与决策。而学生作为课堂的主人,对自己、对课堂也有着义不容辞的管理责任。这两种主体的管理活动并非简单独立,互不相关。他们是一种合作关系,能够相互补充和完善。例如,学生参与管理既有利于学生的自我管理、自我促进,也有利于教师管理水平、管理能力的提高和反馈,增强双方的责任意识。教师通过指导学生自我管理,教给学生一些管理的方法,也能加强学生管理的积极性与有效性。合作性原则意味着师生间彼此承认对方在课堂中的平等地位和权力,主动承担自己在课堂中的责任,遵守共同认可的规范,并通过平等的对话与交往,来促进师生的合作。

三、合作学习的语文教学策略

合作学习在语文教学实施过程中产生了一些问题,其中有些与课堂组织管理不当有关。如果能针对问题采取行之有效的课堂管理策略,必将有助于合作学习达到预期效果。

(一)合作学习过程中的常见问题

1.合作学习形式化

由于许多语文教师不理解合作学习的实质,只注重表面形式,对合作学习的目的、时机、运用范围和过程没有进行认真的设计,教师没有进行科学合理的小组划分，而是随意地把前后座或邻近的同学划在一个组，因此起不到优劣互补、取长补短的作用。小组成员之间的讨论不能围绕中心问题而卓有成效地进行；当问题出现时，学生之间很难做到相互沟通与协作，不能建设性地解决问题。一堂课下来虽然课堂气氛热烈，学生并没有真正学到有用的知识。这种由教师随意安排的小组活动，虽冠以合作学习之名，却无合作学习之实，不能视为有效的合作学习。

教师提出的合作学习的任务要么很容易，要么很难。过于简单容易的学习任务，学生不需要与他人合作就能独立完成，或是用极少的时间就能够容轻易地完成；过于繁杂困难的学习任务，超出了学生的能力范围，学生不容易理解或是无力完成。无论是过易或是过难，这样的合作学习任务都是没有价值的，都对促进学生的发展与进步无益。这样的小组合作也毫无价值可言，学生毫无兴趣，甚至会趁机聊天，不仅浪费了宝贵的课堂教学时间，而且使课堂教学的质量很难得到保证。

2. 合作学习放任自流

合作学习本应是在教师精心组织下，学生间有序进行的一种学习形式，合作学习把学生视为学习的主人，让学生在整个学习过程中充满生命的活力，但绝不是放任自流。在实践中，有些教师一味突出学生"自主"，放手让学生去做，缺乏必要的组织和引导，在学生进行合作学习时，教师只做一个旁观者，与学生和小组面临问题时，教师无法对一些问题进行辨别分析，并对他们进行指导和帮助。

3. 合作方式单一

合作学习作为一种学习方式，从形式上来说应该多种多样的，而有些教师却错误地把小组合作理解为小组讨论。我们经常可以看到这样的场景，当教学进行到某一环节时（经常是教师提问无人应答、教师启发无人觉悟），教师便会要求学生"几个人讨论讨论怎样回答问题"，这时有的学生按照老师的要求发表自己的看法，但往往是各自为政，莫衷一是。这种小组讨论不是有明确团体目标指引下的合作学习行为，学生之间没有实质性的分工与协作，不是真正的合作学习。

4. 合作学习的盲目采用

合作学习是一种新的学习方式，却不是一种万能的学习方式，它受教学目标、教学内容、学生素质、问题的难度等多种因素的制约，不能简单随意滥用，将它的功能扩大化。常见到有的教师没有根据不同的教学目标采用合适的学习方式，生搬硬套，学生逐渐感到厌倦；有的教师问题设计不到位，不具启发性，经常提出一些学生无须讨论就可以解决的问题，没有取得合作学习的效果；有的学生不具有合作精神，只顾表达自己的意见，对组内他人的意见不置可否，合作学习无法深入。如此合作学习方式只能导致教学时间大量浪费，教学效率事倍功半。

5.学生的参与程度不均衡

合作学习的确为学生平等参与学习创造了机会，但在学习过程中，学优生往往在小组活动中处于"领袖"位置，他们占据了小组活动的主动权，承担了主要的责任。相比之下，学习后进生或性格内向的学生则处于从属或被忽略的地位。这种多数学生"搭台"，少数学生"唱戏"的合作学习违背了合作学习的初衷。

6.教师缺乏合作学习的指导技巧

由于在学生合作学习中指导技巧的缺乏，教师无法依据学生的特点和学习内容的性质，灵活组织学生的合作学习活动，无法恰当把握合作时机，导致合作学习难以有效进行；出现问题时，教师无法帮助学生迅速、准确地把未知信息和已有经验联系起来，选择最佳的学习起点，找到解决问题的策略。教师是合作学习的组织者和决策人，教师合作教学技能的缺失和偏差已经成为制约合作学习效果的瓶颈因素。

（二）合作学习的课堂管理策略

合作学习虽然在国外已经取得了实质性进展，但由于国情不同，遇到的问题会不一样。其中最大的差别就是班级人数相差悬殊。在班级人数较多的情况下，合作学习能否成功在很大程度上取决于教师对合作学习的课堂管理是否有效。

1.对所期望的行为给予关注

在课堂上教师要做到对他所期望的行为给予关注，这样其他小组很快就会模仿受到教师积极关注的小组。有些教师在上课时为了提醒不注意听课的同学认真听课，往往要点这些同学的名，即使是教师严厉地批评了上课说话的学生，其他学生也会模仿这位受到关注的学生的行为，以引起教师注意，这样反而达不到预期的目的。在大班额的合作学习的课堂上，教师首先要让学生明确教师的期望，向学生清楚地说明成功的课堂活动必需的行为以及哪些行为是有价值的，如认真倾听、不打断别人的说话、按顺序发言等；其次对达到教师期望行为的小组给予关注，如教师希望小组不要太吵，就对那些太吵的小组不予理睬，而对那些在小组中小声讨论的小组给予特殊的认可，并向全班说明模范小组之所以受到认可的原因，很快大多数小组都会小声讨论了。

2.使用"零噪音信号"管理课堂

由于班级人数较多，在小组组建后，由众多小组组成的班级会变得较为嘈杂，这是一种自然趋向。当一个小组在交谈时，邻近的小组谈话的声音就得稍微大一点，才能使小组成员听得见，这就迫使第一个小组再提高一下声音，由此噪音就会不断加大，从而影响学习。教师要学会控制噪音，让全班学生对零噪音信号做出迅速反应，使噪音降至零点。"零噪音信号"是使学生停止说话，全神贯注于教师,保持身体处于静止状态的一种信号。一种有效的方法是教师举起一只手,这一信号是极其方便的,这样做的优点是当教师举起一只手时,看到这一信号的学生也会举起手来,并会迅速传遍全班。"零噪音信号"的有效性在很大程度上取决于积极的小组奖励的有效性。奖励必须是明确的和公开的,而且要在期望的行为出现之后立即奖励。如果你运用举手作为信号,那么就要对在你举起手之后的第一个迅速停下来全神贯注的小组给予特殊认可或奖励。

3.对优秀小组及时表扬

对于表扬作用的强调再多也不过分。如在运用"零噪音信号"的时候,教师可走到班级表现最好的小组边,对他们发出零噪音信号,把每个人的注意力都吸引到这个组来,对他们的良好表现进行表扬,并清楚地说明你喜欢他们的哪些行为。小组表扬建立了课堂的行为规范,学生知道了什么行为是有价值的。对优秀小组的表扬可以是多种形式的,可以给小组加分,每周评出优秀小组进行表彰,或把优秀小组的学生名单登在班级板报上。

4.不轻易调换组员

在合作小组中,决定小组创造力的并不是小组成员的构成,而是小组成员的互动方式。在合作初期小组成员可能会出现不友好、不合作的现象,或有些成员要求调换小组,教师要慎重考虑,轻易不要调换组员。把在合作学习的有效运作上出现问题的小组拆散,这样做是没有建设性的,这样学生就没有机会来学习如何解决与他人合作中遇到问题所需的技巧了。作为教师,可以决定谁跟谁一起学。对于班上受孤立的学生,应选择班上最受欢迎、最愿意帮助他人且最细心的学生,与他一起学习,保证班上没有一个学生被遗忘、被拒绝或自认为不属于任何小组。

5.确定合作目标和任务

合作学习是一种目标导向活动,在目标上,注重突出教学的情感功能,追求教学在认识、情感和技能上的均衡达成。在合作学习过程中,教师要以学习小组为单位制订学习目标,小组学习目标一经确定,每个成员必须遵从。在合作学习过程中,小组成员不仅要努力达成个人目标,而且要帮助同伴实现目标,通过相互协作,共同完成学习任务。

6.确定个人责任

为了鼓励每个成员都积极参与小组活动,避免能力强的学生代替其他学生完成学习任务,教师可以利用以下几种方法来确定个人责任:

(1)责任承担。即小组的总课题被分解为若干子课题,每人承担其中的一个,小组完成总课题的质量取决于每一个子课题的完成质量。

(2)随机提问。即随机提问小组中的某个成员,根据他的表现评价小组活动的质量。由于是随机提问,每个组员都可能代表小组来展示活动成果,如果不积极参与每一个组员都会因为不好好表现而直接影响到全组。这种由集体连坐而产生的群体压力可以促使每个组员认真地参与小组活动。

（3）个别测试。即在学习时小组成员之间可以进行交流、相互帮助，但是教师在检查小组的学习质量时，是让每个学生独立完成测验，并且要综合每个组员的测试成绩来评价小组的活动。在这种评价体系下，一方面，学生再也不能以小组的掩护来逃避学习责任，因为他们在测试中会暴露出他们在小组活动时的情况；另一方面，学生积极参与小组活动，在测试中的良好表现能够对小组的总成绩有直接贡献。

7.制订合作学习规则

合作学习规则能规范小组学习，增进课堂教学管理，提高合作学习效率。我们认为，合作学习规则主要包括五个方面：自我管理，包括不离座位、不讲废话、控制音量、不扰他人；听人发言，包括不随意插话、听完再议、记住要点、恰当评价；自己发言，包括独立思考、先想后说、围绕中心、口齿清楚；互帮互助，包括虚心请教、关心同学、主动热情、耐心细致；说服别人，包括学会质疑、先同后异、尊重诚恳、以理服人。

8.发挥小组长的职责

小组划分后，教师要为各组指定一个比较有领导才能的小组长。小组长主要负责召集并主持小组学习、分配学习任务、组织讨论、做好总结等。在合作学习的开始阶段，小组长应该由能力强、威信高、人缘好的学生担当。教师要对小组长进行相应的角色和技能培训，既要给他们一定的权力，又要预防他们成为垄断和包办小组学习任务的"小权威"。

9.选择最佳合作时机和最佳合作内容

（1）最佳合作时机。要根据教学实际需要，把握合作学习的时机，尤其是在教学任务较多或需要突破重点难点的时候，在学生意见产生较大分歧或思维受阻时，都可以组织合作学习。如在思考"在松开烫手馒头时，总是先缩手后感觉到烫，为什么?"这一难点问题时，学生急于知道现象和答案，于是自发产生了合作学习的愿望，师生共同设计活动方案和细则，最后把各小组同学的观察实验记录结果汇总起来，就可以得出结论。这不仅调动了集体的智慧，每个同学都能参与，掌握了相关知识和技能，同时还让每个学生感受到个人和集体的力量，认识到合作是必需的，充分体会到合作的优势，感受到合作的意义，享受到合作成功的愉悦。

（2）最佳合作内容。学习的内容要适合学生交流思想，任务应当具有一定的难度，具有合作学习的价值。学生通过自主学习无法完成或无法较好地完成的内容，可通过合作学习让学生相互帮助、相互讨论、相互交流能够完成或更好地完成。

10.强化学生的自我管理

实际上，真正有效的管理是学生自我的内在管理。课堂既然是教师与学生的共创，那么，学生同教师一样，也是课堂中具有独立精神意志的主人。而且，课堂活动的最终目的是促进学生的健康发展，离开了学生的参与、支持与合作，课堂管理便失去了意义。内在管理强调学生积极主动地参与，在参与过程中形成自主意识和责任感，从而激发其主动和创造精神。内在管理不仅能提高课堂管理的效益，而且能发挥学生的聪明才智，有利于他们的成长和发展。

11.培养合作技能

学生拥有良好的合作技能是合作学习成功的重要保证，但学生合作技能的形成和发展却不是一个自然的过程，需要教师进行有意识的培养与训练。教师在教学过程中指导学生学习合作技能，一方面可以正面传授，在小组合作学习前提出明确的教学要求，或在小组学习中提供适当的指导；另一方面可创设情境，促使学生在实际锻炼中学会如何与他人共同完成学习任务。在教授合作技能时，教师需要做到：

第一，使学生认识到这些技能的价值。教师必须结合生活中的事例或学生在小组活动中出现的社交问题，使学生亲身体验到特定社交技能的必要性。

第二，使学生必须清楚这些技能的具体表现。在学生认同了某种社交技能的价值后，教师要与全班同学一起讨论该技能的具体表现。

第三，鼓励学生在生活中练习使用这些技能。教师应当通过演示活动、角色扮演、游戏等多种形式，帮助学生树立把社交技能用于生活的意识，并用正反两方面的例子来指导学生在生活中如何使用特定的社交技能。比如，在教授学生掌握"表达感谢"的社交技能时，教师不仅应当鼓励学生向帮助自己学习的同学表示感谢，同时还可以指导学生用恰当的方式向他们的父母、向在生活中为他们提供帮助的人表示感谢。第四，保障学生有机会在课堂内练习使用这些技能。与学生在生活中使用这些技能相比，教师更容易了解学生在课堂上使用社交技能的表现，也更容易提供及时的反馈，所以教师要充分利用课堂，结合教学内容设计小组合作学习，使学生在小组活动中学习学科知识的同时也能够练习使用这些社交技能。

第五，检查学生在小组活动中使用这些技能的情况。教师要了解学生在小组活动中使用社交技能的情况，并及时做出适当的反馈。

第六，鼓励学生坚持使用这些技能。教师必须持续不断地鼓励学生练习使用这些技能，如教师可以在一周甚至一学期的教学中，围绕这些技能设计一系列的活动为学生提供练习的机会；还可以将学生正在练习的社交技能通报家长，请家长在生活中为学生练习使用这些技能创造机会，还可以在全校张贴海报，倡导全校师生共同关注使用这些社交技能。

12.必要的督促和介入

在合作学习中，教师的督促和介入要贯穿于整个合作学习过程，其内容是多方面的，如默观学生是如何解决问题的；暂停学生的活动给予示范；表扬善于运用某些行为方式的小组，从而强化他们的良好行为。其目的是为了弄清学生是否掌握了进行合作学习的技巧，找出学生在合作过程中出现的问题，并提供必要的帮助。一般来说，出现以下情况时，教师就需要对合作学习进行适当的督促和介入：当小组对任务还不清楚时，教师需要重新解释，向学生反复说明任务的内容及操作程序。在小组讨论的过程中，教师可以观察学生是否很轻易地就解决了难题，完成了合作任务。当某一小组的活动能够顺利进行时，教师需要给予适当的表扬，当然，教师也可以介入，让其中一个学生解释一下大家形成的某些结论，从而保证每一个成员都能够理解这些结论。当某一小组一时无法完成合作任务时，教师可先进行观察，不要急于介入；当小组实在无法解决时，教师要向学生指出问题所在，并启发学生如何完成，在这一过程中，教师不是答案的给出者，而是顾问、引导者；当小组讨论的声音过大，教师需要给予制止，并调动小组中噪音监督员的积极性，或让这组学生的位置互相移近一点。尽管在合作学习开展前，教师已经对学生进行了合作技能的训练，但是学生还是有可能没有真正掌握这些技能，或者在合作学习中，学生无法有效地运用这些技能，此时教师要介入，建议学生运用一些更加有效的方法。小组讨论偏离主题或讨论一时受阻时，教师应及时发现，及时制止，或为小组讨论提供及时的点拨，使小组讨论顺利开展。当合作学习进行了一段时间后，教师可以介入任意一小组，询问合作学习的进展情况，以便确定学习任务是否完成。当某一小组提前完成任务时，教师应检查他们是否正确完成了任务，如果是真正完成了任务，教师可以在不影响其他小组学习的前提下，让其帮助其他组完成任务或可以自由活动。

13.正确处理好几对关系

（1）个人学习和合作学习的关系

小组合作学习的目的是把小组中的不同思想进行优化整合，把个人独立思考的成果转化为全组共有的成果，以群体智慧来探究问题、解决问题。因此，有效合作学习的前提就是个人学习，合作学习应该建立在个人学习的基础上。学生对学习内容获得较为全面的把握后，上课时有备而来，带着问题、带着思考、带着求知的兴趣进入课堂，也才有可能在与他人合作时有话可说，有感而发，才能避免以个别学生的思维代替其他学生的思维。而且每一个学生领悟和探究的视角又各不相同，更易于激发在相互交流时思想的碰撞和思路的拓宽，提升合作学习的效果。当然，也便于教师及时了解学生的疑点、难点，更有针对性地组织教学，促进学生更高层次思维的发展。

（2）竞争与合作的关系

竞争与合作是对立统一的关系。两者既相互区别，又紧密联系，都是最基本的社会互动形式，永远不能孤立地存在。众多研究结果表明，与合作相比较，在没有引导的情况下，人们更倾向于选择竞争的行为方式。因此，我们不是要排斥竞争，而且事实上，我们也无力将其消除。我们需要做的，是针对传统教育造成的恶性竞争的不良环境背景加以引导，使其转化为良性竞争。"一般来说，"竞争"是学生的"天性"，不管在任何条件下，竞争总是存在的，只是表现出程度的不同。而学生间的合作行为，却需要产生的条件，就课堂教学而言，需要有专门的课堂学习小群体，需要有专门的学生群体活动时间。从这个意义上来说，合作是创造（就条件而言）出来的，也是培养（就行为而言）出来的。"我们可以在小组内部和小组之间引入竞争的机制。在小组内部提倡竞争，可以充分激发学生的潜力，使学生能够积极参与小组合作学习。值得一提的是，小组内部的良性竞争，并不会影响到小组成员之间的合作，它们都是基于小组合作学习共同目标的实现，竞争只是在小组内部形成一种比赛的氛围，目的是为了实现小组合作效率的提高。而在小组之间引入竞争机制，则有利于促进学生的小组意识，形成集体荣誉感，小组成员彼此之间相互帮助、共同抵抗外界的压力。

（3）教师和学生的关系

在合作学习过程中，始终坚持一个原则—学生是合作学习的主体。因此，合作学习更加注意学生的心理需要，把教学的重点放在学生的"学"上。从表面上看，教师失去了传统教学中所拥有的"权力"或"权威"，但事实并非如此。教师的作用更加重要，责任更加重大。教师要进行讲授，要引起学生学习的兴趣和动机，要促使每一个学生获得最大限度的发展，还要善于协调各小组的活动，对学生和小组进行认可或奖励，促使学生主动掌握知识、发展能力。

第二节 语文自主学习

"自主学习"是教育课程与教学改革的一个切入点和聚集点。培养学生具有自主学习的愿望、能力和方法，这不但是教育课程与教学改革的目标之一，也是学校教育的理想和重要目标，更是构建终身学习社会的必然要求。自主学习对课堂管理提出了更高的要求，高职语文教师只有掌握自主学习的课堂管理原则及策略，才能更好地把握课堂，提高自主学习的实效，使自主学习真正落到实处。

一、自主学习概述

课程与教学改革倡导的自主学习有其自身的特点和内在机制，教师只有正确理解和把握自主学习，才能转化为实际的教学行为，真正实现自主学习的价值。

（一）自主学习的含义

同许多心理学概念一样，自主学习也是一个难下定义的概念。由于各学派研究者的理论立场和关注方面的不同，因此，研究者对其内涵和外延各有侧重，难以统一。有的观点从参与学习的心理成分出发，通过学习者心理活动的组成要素来确定自主学习，突出了自我的作用以及"元"成分的功能，有利于抓住学习者在自主学习过程中的心理活动特点；有的观点从学习活动自身的构成要素角度来审视学习者的行为结果，在学习者与学习的内部和外部环境条件之间搭建平台，以几者交互作用程度的外在表现来确定自主学习，使自主学习的理论更加贴近教学实际；有的观点从自主学习的本质特点出发，将学习者的主体性发挥作为自主学习的依据，把自主学习的研究引导到哲学层面。

（二）自主学习的特征

了解、认识自主学习的特征，对于准确理解自主学习是十分必要的，还可以帮助我们走出一些认识误区。这里，以国内学者的研究成果为基础，参考国外学者的有关研究，自主学习的特征可以概括为自主性、独立性、过程性、相对性和有效性。

1.自主性

自主学习是针对学习活动中教师是教学的主体，学生从属于教师的指挥，被动地在教学内容中按部就班进行发展的统一模式所提出来的，其根本目的在于改变这种不注重学生主体性的片面教学，主张学生积极主动地参与到教学中，根据自己的实际情况确定学习发展的步调、方向和程度。它表现为学生的学习是基于自身内在需要的驱动，积极、主动地从事和管理自己的学习活动，而不是在外界的各种压力和要求下被动地从事学习活动，是"我要学"而不是"要我学"。如果学生学习是在外在压力、反感或排斥情境下的迫不得已，即使学习成绩再好，在学习中投入的精力再多，参与学习的心理成分再多，也不可能称之为自主学习。

2.独立性

独立性是自主学习的核心品质，在学习活动中表现为"我能学"，每个学生都有表现自己独立学习能力的愿望，也都有相当强的独立学习的能力，他们在学校的整个学习过程其实也就是一个争取独立和日益独立的过程。在传统的教学中我们往往低估或漠视了学生独立学习的能力，忽视或压抑了学生独立学习的欲望，从而导致学生独立性的不断丧失。自主学习要求把学习建立在人的独立性一面上，要求学生尽量减少对教师和他人的依赖，由自己做出选择和控制，独立地开展学习活动。但是，学生学习的独立性有个由教到学的过程。学生有个从他主到自主、从依赖到逐步走向独立的发展过程。在此过程中，教师的"导"和学生的"学"是绝对不可缺少的。因此，高职教师要尊重和呵护学生的主体性和独立性，逐步培养学生独立学习和解决问题的能力。与此同时，高职教师也应重视学生发展中的个体差异性，要关注个性，因材施教，促进发展。

3. 过程性

自主学习要求学生对为什么学习、能否学习、学习什么、如何学习等问题有自觉的意识和反应。它突出的表现在学生对学习的自我计划、自我调整、自我指导、自我强化。自主性的发挥是需要在学习活动的过程中加以体现。对于学习者来说，学习活动本身就是自主性能否成功发挥的媒介。因此，自主学习的认识和评价不能离开学习活动，否则只能是空中楼阁。学习活动过程包括学习前的准备工作，学习进程中的信息加工，学习后的评价与反思等。即在学习活动之前，学生能够自己确定学习目标、制订学习计划、选择学习方法、做好学习准备；在学习活动中，能对自己的学习过程、学习状态、学习行为进行自我观察、自我审视、自我调节；在学习活动之后，能够对自己的学习结果进行自我检查、自我总结、自我评价和自我补救。自主性应该在各个阶段都能得以最充分的体现，但是在表现形式上可能有所不同。如果学习者在某个阶段上缺乏自主性，也不能称之为自主学习。因此，自主学习是学习者在学习活动过程各个阶段自主性发挥的统合。

4. 相对性

自主学习的相对性，这是由学校教育的基本特点和学生身心发展规律所决定的，它是区别于成人自学的一个基本特征。也就是说，学生的学习在有些方面可能是自主的，而在另一些方面可能是不自主的。这是因为，就在校学生来讲，他们在学习的许多方面，如学习时间、学习内容等，都不可能完全由自己来决定，他们也不可能完全摆脱对教师的依赖。要分清学生在学习的哪些方面是自主的，哪些方面是不自主的，或者说学习的自主程度有多大。做到这一点才可以针对学生学习的不同方面进行自主性的教育和培养。

5. 有效性

参与学习的学习者内部因素主要体现为各种心理成分的协同作用。学习者的自我认识、自我体验和自我控制将对自主学习的性质和方向起决定作用，没有正确的自我认识，缺乏自主学习的高峰体验，不能控制学习的目的性和方向性，就不可能有真正的自主学习。此外，这些心理成分还包括与心理过程紧密联系的认知、情感、意志活动，也含有与个性心理密切相关的个性心理倾向性和个性心理特征。学习者的兴趣、需要、动机、理想、信念、价值观等因素构成了激发自主学习的动力因素,对于能否维持自主学习的进行也发挥着积极的作用。而学习者的能力、气质、性格对于自主学习的速度、程度和质量也有十分重要的影响。

由于自主学习的出发点和目的是尽量协调好自己学习系统中各种因素的作用,使它们发挥出最佳效果,因此自主学习在某种意义上讲就是采取各种调控措施使自己的学习达到最优化的过程。一般说来,学习的自主水平越高,学习的过程也就越优化,学习效果也就越好。

(三) 自主学习的内部机制

从系统论的观点看,作为一种能力的自主学习本身是一个相对稳定的系统,有其内部结构和构成成分;作为一种过程的自主学习是动态的,有其先后执行的程序和子过程。国外研究者一般用自主学习模型来解释自主学习的构成成分和内在机制。目前,比较权威的自主学习心理机制模型主要有麦考姆斯的自主学习模型、齐默尔兹的自主学习模型、巴特勒(Butler)和温内(Winne)的自主学习模型。这些模型在一定程度上为我们展现了自主学习的系统结构。

1.麦考姆斯的自主学习模型

麦考姆斯是自主学习现象学派的代表人物之一。1989年,他在《自主学习和学业成绩:一种现象学的观点》一文中,提出了一个自主学习的模型,对自主学习的自我系统的结构成分和过程成分的作用做了详细的描述。

麦考姆斯认为:自主学习能力是自我系统发展的结果。自我系统有静态结构和动态过程两个方面:静态结构反映个体对自身的能力、价值、特点等相对稳定的认识,主要有自我概念、自我意象、自我价值等结构成分,这些成分在很大程度上决定了个体学习动机的强弱;动态过程是自我在具体情境中的动态反映,主要包括目标设置、自我控制、自我判断、自我评价、自我强化等成分过程,这些成分过程构成自主学习的基本特征。正是由于此,自主学习可分为对信息加工、编码、提取的一般认知过程和对认知过程进行计划、控制和评价的原认知过程。自主学习正是在这两种过程的作用下实现的。

2.齐默尔曼的自主学习模型

齐默尔曼的自主学习模型是以班杜拉的个人、行为、环境交互决定论以及自我调节思想为基础而提出的一个模型。

齐默尔曼认为,与其他形式的学习一样,自主学习要涉及自我、行为、环境三者之间的交互作用。自主学习者不仅能够对内在学习过程做出主动控制和调节,而且能够在外部反馈的基础上对学习的外在表现和学习环境做出主动监控和调节。就自主学习的内部心理过程来讲,可以按其发生顺序划分为三个阶段,即计划阶段、行为或意志控制阶段和自我反思阶段。

在计划阶段，主要涉及任务分析过程和自我动机性信念两个方面。任务分析过程又包含两种子过程：目标设置与策略计划。前者指确定具体的、预期性的学习结果；后者指为完成学习目标而选择合适的学习策略。自我动机性信念是学习的内在动机性力量，是学习的原动力，对学习过程具有启动作用。它主要包含自我效能、结果预期、内在的兴趣或价值、目标定向等成分。

在行为或意志控制阶段，主要包含自我控制和自我观察过程。自我控制过程帮助学习者把精力集中在学习任务上，它又包括自我指导、使用心理表象、集中注意力、运用任务策略等过程。自我观察是指对学习行为的某些具体方面、条件以及进展的跟踪。准确、及时、全面的自我记录是自主学习者常用的有效自我观察手段。当自我观察不能对学习方向的偏离提供确切的说明时，个体还要启动自我实验过程，亦即通过系统的变换学习的过程、策略、条件等以求达到最终的学习目标。

在自我反思阶段主要涉及两种过程：自我判断和自我反应。自我判断又包含自我评价和归因分析两种过程。前者是指对学习结果与预期目标的一致程度以及学习结果的重要性的评判；后者是指对造成既定学习结果的原因进行分析，如较差的学习成绩是因为能力欠缺还是因为努力不够等。自我反说主要有两种形式：一是自我满意，这是基于对自己学习结果的积极评价而做出的反应。自主学习的学生把获得自我满意感看得比获得物质奖励更为重要。二是适应性或防御性反应，适应性反应是在学习失败后调整自己的学习形式以期在后继的学习中获得成功，防御性反应是为了避免进一步学习失败而消极地应付后继的学习任务。

尽管自主学习包含着复杂的结构和过程，但是在齐默尔曼看来，自我效能、目标设置、策略选择和运用、自我观察、自我评价等成分似乎更为重要，也更容易操纵，因此他主张侧重于对这些成分进行系统的理论和应用研究。

3.巴特勒和温内的自主学习模型

20世纪90年代，巴特勒和温内提出了一个详尽的自主学习模型，从信息加工的角度来阐述自主学习的内在机制。巴特勒和温内认为，一个完整的自主学习过程主要包括四个阶段，即任务界定阶段、目标设置和计划阶段、策略执行阶段和元认知阶段。在任务界定阶段，学习者利用已有的知识、信念对学习任务的特征和要求进行解释，明确学习的任务是什么以及完成这一任务有哪些有利和不利条件。影响这一过程的主要因素为领域内的知识、任务知识、策略知识和动机性信念。在目标设置和计划阶段，个体的主要任务是根据自己的标准和对学习任务的界定建构学习目标，制订学习计划，选择学习策略。在这一过程中，学生的自我效能感、目标定向、原认知水平起最为重要的作用。学习目标设置和计划确定以后，学生就要根据既定的学习目标和学习策略执行学习任务。在这一阶段，原认知监视和控制的作用较为突出。利用学习策略对学习任务进行加工，最后生成学习结果，学习就进入了原认知阶段。原认知对来自目标和当前学习情况信息进行比较，对学习的结果做出评估，然后把评估结果反馈到知识和信念、设置目标、选用策略等的过程，重新解释学习任务，调整学习目标，选择学习策略，有时会生成新的学习程序，最终获得学习任务标准和要求相匹配的学习结果。

（四）自主学习的价值

1.自主学习是社会发展的迫切需要

在当今信息时代，由于科学技术的迅猛发展，知识激增的速度不断加快，学习成为人们的终身需要。国外研究表明，在农业经济时代，7~14岁接受的教育足以应付其后40年的工作和生活；在工业经济时代，人们求学的时间延伸为5~22岁；而在当今知识经济时代，学习已成为人们的终身需要。在半个世纪之前，人们从大学毕业后，大约有70%的所学知识一直可以在其退休前运用；而在当今时代，这个数字缩减为2%。这意味着当今的大学生毕业后从事某项职业所需要的知识技能有98%需要从社会这个大课堂中来获得。作为学生就应该不断学习，不仅接受教师传授的知识，更多应采用自主学习方式充实自己，适应信息时代的要求。在21世纪，构筑终身教育和终身学习体系的主要教育教学手段将是现代远程教育。现代远程教育是随着计算机网络技术和多媒体技术等信息技术的发展而产生的一种新型教育方式，要求学生具有较强的自主学习能力。

2.自主学习是教育改革的必然要求

时代要发展，教育要改革。新一轮的基础教育课程改革就是提倡以弘扬人的主体性、能动性、独立性为宗旨的自主学习。依照新的课程标准，教学目标与结果、教学对象、教学内容、教学方法与教学过程以及教学评价都与以往的教学有不同的特点。在未来的教育中，自主学习能力既是重要的教育目标，也是学生获取知识、发展技能的重要条件和途径。

讲授式教学虽然有其合理的一面，但有一定的局限性。在典型的讲授式教学中，学生并没有得到多少自主学习策略的指导。有研究表明，直到高中阶段，我国学生的自主学习能力发展的总体水平还不高，各种自主学习能力的发展还很不平衡。目前，基础教育将不再把知识的传授作为自己的主要任务，而是把发展学生的能力、教会学生学习尤其是独立学习的能力作为首要目标，为继续学习和终身学习奠定基础。在教学手段上，计算机辅助教学的地位越来越重要。在教学评价上，能够发展学生的自我教育能力将是评价学校教育有效性的关键因素。

3.自主学习是个体发展的重要基础

首先，自主学习能够提高学生在校学习的质量。研究表明，自主学习能力强的学生学习行为具有5个共同特征：①相信自己的学习目标和活动有价值；②认为学习对自己具有重要意义；③约束着自己去学习；④利用人力和物质资源；⑤产生的学习效果优于通常的学习成绩。那些在智力、社会环境和接受教育的质量等方面有明显优势的学生，学习失败的重要原因是缺乏自主性。学习好的学生总是自主学习能力强的学生。此外，自主学习是个体终身发展的基础。美国心理学家罗杰斯认为"人的学习应以自主学习的潜能发挥为基础"。自主学习是学生走出学校后所采用的主要学习方式，是个体自身发展的必备能力。无论是科技进步还是职业发展，都要求个体必须通过自主学习来不断掌握更新知识的技能，这样才能适应社会的发展，完善自己的生活。没有自主学习的能力，个体的毕生发展将受到极大的限制。因此，华罗庚告诫年轻人：每一个人都应该养成自主学习的习惯。没有自主学习的习惯，一出校门就很可能不知所措，将来就会一事无成。

二、自主学习的语文教学原则

根据自主学习的特点，要充分体现自主学习的价值，需要中高职语文教师在组织自主学习时遵循以下基本原则。

（一）目标性原则

自主学习的语文课堂管理应当有正确而明晰的目标，它向教学目标的实现提供保证，最终指向教学目标。目标本身具有管理功能，直接影响和制约师生的课堂活动，能起积极的导向作用。并且，目标使学生成为积极的管理者和参与者，对于发挥学生自觉的求知热情，增强学生自我管理能力，也具有积极意义。

教学过程中，教和学的活动首先要确定好准确适度的目标，使知识的难度恰好落在学生通过努力可以达到的潜在接受能力上，从而不断构建新的知识结构。在这种目标的适度要求下，教材的处理、教学方法的运用、教学过程的每一环节，都要体现学习目标。只有树立目标意识，教师的教和学生的学才会同步提高。

激发学生自主探求的兴趣和欲望，这是构建自主学习课堂教学模式的核心要素。如果让学生根据自身的情况，在老师的帮助下确定对自己有意义的学习目标，自己确定学习进度，那么学生的学习兴趣肯定非常浓厚。让每个学生在课堂中充分行使自己的权利，充分享受学习的乐趣。这就给了学生自由选择的权利，为他们提供了主动探究的空间。

（二）自主性原则

人们常说："教学有法，但无定法。"教学实践的特殊性要求教师必须具有创新意识，必须全方位确立学生的主体地位，充分调动学生的积极性，注重学生个性的培养。现代教学理论认为学生是学习活动的主体,也就是要让学生自主学习。

在语文教学过程中,教师一方面要创造机会,乐于放手。要积极为学生提供自由思考的时间和机会,为全体学生创设一个主动探索的空间;另一方面要相信学生,敢于放手。学生是学习的主体,他们有自己的思维方式,有一定的知识积累,对一些知识的学习,学生独立或通过合作是能够解决的。作为教师要让学生在课堂有限的时间和空间内,多读、多说、多思,使学生真正成为课堂的主人。同时,大力创造学习的机会,学生能发现的教师不暗示,学生能叙述的教师不替代,学生能操作的教师不示范,学生能提问的教师不先问,使学生在力所能及的范围内跳起来摘果子吃,让学生自主地运用所学知识去解决实际问题。

此外,语文教师要立足学生,善于放手。我们的语文教学不是无目的地放手,当学生对知识不理解或操作不规范时,我们要加以引导。自主学习并不意味着任由学生自己学,同样也离不开教师的指导。教师要善于在方法上引导,在关键处点拨。

(三)参与性原则

自主学习活动取得有效成果的前提就是学生的全员参加和全身心地投入学习。学生只有充分投入,积极参与,才能使自主学习成为可。能为此,自主学习的课堂管理要做到以下几个方面:一是语文教师应采取各种方法进行热情动员,关注全体学生,促使不同层次的学生都积极参与课堂教学;二是要做到学生在自学活动中多种感官并用,观、读、思、做几方面有机地结合运用;三是要最大限度地把课堂教学的时间和空间交给学生,使学生真正参与课堂,成为课堂学习的中心和主体。

(四)激励性原则

爱因斯坦说:"只有把学生的热情激发出来,那么学校规定的功课就会被当作礼物来接受。"在语文课堂管理时,通过各种有效手段,最大限度地激发起学生内在的学习积极性和求知热情。激励原则要求教师在课堂上努力创设和谐的教学气氛,创造有利学生思维、有利教学顺利进行的民主氛围,而不应把学生课堂上的紧张与畏惧看作管理能力强的表现。激励原则还要求教师在课堂管理中发扬教学民主,鼓励学生主动发问、质询和讨论,当然,贯彻激励原则并不排除严格要求和必要的批评。浓厚的兴趣如磁石般吸引学生的注意力、思考和想象力,促使他们去积极思考、主动探索。一个宽松和谐的教育教学氛围的形成,取决于教师的民主意识。培养学生的创造力,尤其需要民主的氛围和相对的空间。教师要努力创设一种教学氛围,允许学生有自由思考的时间,鼓励学生争辩、质疑、标新立异。

（五）反馈性原则

运用信息反馈原理，对语文课堂管理进行主动而自觉的调节和修正，是反馈性原则的基本要求。在语文教学中，教师应当不断分析把握教学目标与课堂管理现状之间存在的偏差，运用自己的教学机制，因势利导，确定课堂管理的各种新举措，作用于全班同学，善于在变化的教学过程中寻求优化的管理对策，而不应拘泥于一成不变的管理方案。此外，应积极关注不同程度学生自主学习的完成情况，准确把握学生学习的反馈信息，并以此确定课堂指导的内容及策略，增强教师课堂指导的指对性及有效性，使学生的自主学习更为有效。

（六）自控性原则

自主学习课堂管理要求学生自己管理自己的学习，不依赖外界来管理自己的学习活动，这是自主学习的又一个基本特征。自主学习课堂管理表现为学生对学习的自我计划、自我调整、自我指导、自我强化上；语文教师一方面要强化学生的自我管理意识，让学生意识到自我管理的重要意义，引起学生对自我管理的认同；另一方面要逐步培养学生的调控能力和自我管理能力，这是促进学生自主学习的重要因素。

三、自主学习的语文教学策略

语文课堂管理是指语文教师在教学活动中通过协调课堂内各种人际关系，吸引学生积极参与课堂活动，使课堂环境达到最优化的状态，从而实现教学目标的过程。课堂管理的根本是创设良好的学习环境和条件，促进学生有效的学习。有利于学生自主学习的课堂管理应该以满足学生的自主要求为切入口，以和谐的人际关系为基础，以学生的自我管理和自律为特征，以积极的师生对话为主要手段。为了促进学生的自主学习，教师可以采用如下一些课堂管理策略。

（一）设置有利于学生自主学习的目标任务

1.创设具有挑战性的目标

教学目标是教师进行教学活动的指南，在大多数情况下，教学目标是由国家、学校或教师来确定，学生只能被动地接受这些目标。在这种情况之下，如果教学目标设置不够合理，则会对学生的自主学习造成一定的消极影响。因此，中高职教师设置学习目标时，应注意以下几个方面。首先，教师应把提高学生自主学习能力设为最终目标，并在教学中有意识地强化学生自主学习的能力，将其作为教学目标的重要部分；其次，教师应设置明确、具体、适度的教学目标来引导学生进行自主学习。并促进学生对教学目标的认同。研究表明，具体的、近期的、能够完成而又有挑战性的学习目标更有助于促进学生的自主学习。研究者认为，具备这种特征的学习目标更容易让学生经常体验到成功，逐步增强对自己的学习能力的信心。语文教师要在课堂中经常设问，使学生始终沉浸在问题情境之中，获得自我探索、自我思考、自我表现的实践机会。挑战性的目标难度要适中，切合学生实际，学生经过一番努力能够完成。太难会挫伤学生的学习积极性，太容易则不利于培养学生自主探索的精神。

此外，语文教师还可以灵活方式引导学生自主确立学习目标，体现目标确立的主动性、开放性和灵活性，使教学目标真正成为学生学习的要求和期望，起到激励学生去探究、去发现的作用。

2.设置适当的学习任务

教育心理学告诉我们，学生的学习兴趣源自两种动力－内驱力和外驱力。在自主学习中，学习者对学习的需要主要源于已有的知识经验不足以解决面临的现实问题，为了解决面临的问题，学习者的学习积极性将被激发出来，形成学习的内部动机，这是一种积极、持久、力量强大的动机。在这种动机的激发下，学习者的自主学习行为才可以维持下去，也才可以根据自己的情况和外界变化对学习进行监督和调节。学生对知识的兴趣越强，学习的主动性、自觉性也就越强。因此，教师在组织学生自主学习时，应尽可能与学生民主协商学习任务，应给学生以一定的选择空间，以提高学生的学习兴趣，激发学生学习的内部动机。

（二）进行有利于学生自主学习的教学设计

有利于学生自主学习的教学，应该凸显学生的自主学习过程，给学生充分的自主学习机会。把学生自己能够掌握的学习内容让学生通过自学、讨论先行解决，然后语文教师再针对学生不能掌握的内容进行重点讲解或指导。这样，在学生自学、讨论的过程中，充分发挥学生个体和集体的学习潜能，锻炼学生的自主学习能力，自学、讨论后不能解决的问题也可以为教师的讲解提供明确的依据；通过语文教师有针对性的重点讲解或指导，学生能够更好地获得问题解决策略。

有利于学生自主学习的教学流程主要包括确定学习目标、激发学习动机、自学教材内容、自学检查、集体讨论、教师讲解、练习巩固、学生小结等环节，这些环节构成流程图的主体部分。另外还有教师指导、启发、反馈、评价这一模块，意指在学生确定学习目标、自学教材内容、自学检查、集体讨论、练习巩固等环节，教师主要起辅助、引导作用。

该流程图的主体部分包含三个闭合的环路。第一个环路是由确定学习目标、激发学习动机、学生自主学习、自学检查、练习巩固、课堂小结等环节构成。它所表达的意思是，学生明确学习目标后通过自学就能够达到目标要求，显然，在这种情况下，学习的几个环节主要是由学生自己完成的，教师从中只起引导作用。

第二个环路在第一个环路的基础上增加了集体讨论这一环节。它所表达的意思是，学生通过自学尚没有达到目标要求，但是通过集体讨论，解决了自学中的剩余问题。由于讨论主要是在学生之间进行的，因此在第二个环路中，与在第一个环路中一样，教师只对学生的学习起引导作用，学习主要是通过学生个人或集体完成的，学习的自主权还是主要在学生这一边。

第三个环路在第二个环路的基础上增加了语文教师讲解这一环节。它表明的情况是，学生通过自学和集体讨论后，仍有一部分学习问题没有解决，这时就需要教师进行讲解，通过讲解帮助学生克服学习困难，完成学习目标。当然，如果通过教师讲解学生仍然不能完成学习任务，教师就要查明具体原因，重新讲解，必要时甚至可以暂时终止讲解。尽管如此，这一环路中所包含的多数环节仍然是主要依靠学生自己来完成的。

因此，总的说来，这一教学流程把学生的学置于教学的核心地位，教学过程的诸环节多数主要是由学生自己来完成，教师在这些教学环节中主要起引导、点拨、反馈作用，这样更有利于给学生提供自主学习的机会，体现其学习的主体地位，发展其自主学习能力。

下面分别对各环节的要求予以说明。

1. 确定学习目标

在这一阶段，学生的主要任务是明确自己的学习目标，知道自己需要学什么，学习应达到什么标准以及如何达到这些标准。如果从严格意义上要求学生自主学习，学生的学习目标该由他们自己来制订。但是在学校教育条件下，由于学生在课堂上必须在规定的时间内完成教学大纲规定的学习任务，他们能够自由选择学习内容、确定学习目标的机会较少。在多数情况下，他们的学习目标还是要由教师来制订。

教师给学生制订的学习目标除了必须反映大纲的要求、体现出一节课学习的重点和难点外，还要尽可能具体、明确，便于学生对照着学习目标自学。为了培养学生的自主学习能力，教师还要注意教会学生设置学习目标的方法。例如，把长远目标分解成具体的、近期的、可以完成的目标，如何围绕目标分配学习时间等。

2. 激发学习动机

严格地讲，激发学习动机并不是一个独立的教学环节，它应该贯穿于教学过程的始终。教师在学生的每一步学习中如果发现其进步，都应该对他们表扬鼓励，激发他们进一步学习的兴趣和热情。在学习目标呈现之后的学习动机激发可以分两种形式：一是激发学生的好奇心，鼓励学生尝试自学。例如，语文教师可以这样引导："过去都是老师先讲同学们再学，这堂课老师先不讲，请同学们先自学，看看大家能不能学会。"这种形式一般适用于自主学习教学指导的初期。二是对学生的学习进步进行表扬，对他们的成功能力和努力方面的归因反馈。这种动机激发方法适用于自主学习的教学指导模式已试行一个时期。例如，教师可以这样引导："老师发现，同学们都有很强的自学能力。通过努力自学，许多同学掌握了一些老师本来要讲的内容。即便是过去学习成绩稍差的同学，这一阶段通过自学也取得了很大的进步，希望同学们继续保持这种好习惯。"

3. 学生自学教材内容

确定了学习目标之后，就可以要求学生根据学习目标及其要求对课本内容进行自主学习。但是自主学习并不是让学生简单地看看书，而是让学生先系统地学习课本的内容，它是学生独立地获取知识、习得基本技能的主要环节之一。在学生的自主学习过程中教师需要注意两点。首先，要保证学生的自主学习时间。一般说来，在试行自主学习教学指导模式的初期，由于学生还没有完全适应，自学的能力和习惯没有形成和发展起来，给学生的自主学习时间要相对长一些；如果学生已习惯了这种教学模式，给他们的自主学习时间就可以相对短一些。如果教学内容相对少些或者是在低年级中，一般把自主学习的时间安排在课堂上。对学生来讲，由于一节课包含的内容多一些，一般采用课外自学与课内自学相结合的方法。其次，在学生自主学习的过程中，教师要勤于巡视，及时给学生以个别指导。要对学生的积极表现给予强化，对那些消极应付学习的学生要批评、督促。为了避免试行自主学习教学指导模式给学生带来更大的分化，一般要求教师给差生的个别指导多一些。

4. 自学检查

自学检查的目的是检查学生的自学情况，为组织学生讨论和教师的重点讲解做准备。自学检查的有效形式是让学生做紧扣课本内容的练习题。通过做练习，教师可以及时掌握学生反馈的如下信息：哪些学习目标已经完成，哪些还没有完成？不同学习能力的学生分别能完成哪些学习目标？练习中出现错误的原因在哪里？

5. 组织讨论

通过自学检查，一般可以发现，有些学习目标已经完成，有些还没有完成。这表现为有些练习题做对了，有些没有做对。这时候语文教师可以引导学生对练习结果进行讨论，力求通过集体讨论，使学生自己纠正、解答一部分没有做对的习题，进一步理解掌握学习内容。

根据已有的教学经验，学生讨论一般从评议练习题着手为好。在这一过程中，语文教师要引导学生讨论习题做对的道理以及做错的原因，把讨论引向深入。一般说来，正确运用一节课所学的知识、定理、规则、结论才能做对练习题。因此讲出做对的道理就是解决了本节课的教学重点。容易做错的地方，也就是学生学习困难的地方。因此说出做错的原因，也就是突破了本节课的教学难点。这样的讨论，既解决了教学重点，又突破了教学的难点，是一种简便有效的教学方法。

6. 教师重点讲解

经过自学和讨论，有些学习内容和问题已经被学生掌握或解决，而有些内容可能还没有被学生理解、掌握，这时就需要语文教师对学生没有掌握的内容进行讲解。在学生的自主学习基础上所进行的课堂讲解具有很强的针对性，是用于解惑的讲解，因此要求语文教师要精讲。

需要注意的一点是，有时候学生所学内容之间是一种极为严格的逻辑关系，亦即前面的学习内容是后面学习内容的先决条件，前面的内容不掌握，后继的学习就不能进行，这时候，语文教师的讲解就必须与自学检查、讨论交叉进行。也就是说，在每一项学习内容经过学生自学、讨论后，如果发现学生没有理解或掌握，教师就要进行讲解，为后面的学习扫除障碍，而不能等所有内容经过自学检查和讨论后再做讲解。

7. 练习巩固

如果学习目标设置得当，通过学生自学、讨论和语文教师讲解，大多数学生可以初步理解并掌握规定的学习内容。但是到这一阶段，学生们还不可能牢固地掌握和熟练地运用所学的知识、技能，甚至有些学生看似掌握而实际上是机械模仿例题，并没有真正系统深入地理解所学内容，因此还要通过系统的练习来巩固所学知识。

在这一过程中，语文教师要注意设计好变式练习，引导学生学会概括和迁移。有时候还可以设计一些难度较大的题目，使学习走向深入。在练习的过程中，教师还要视情况给学生以个别指导，尤其要给那些有困难的学生以指导。

8. 课堂小结

课堂小结的目的是对当堂所学的内容进行概括、归纳，使之系统化，作为一个有机的知识体系纳入到学生的认知结构中。为了发展学生的自主学习能力，培养他们的独立总结和评价能力，课堂小结可以由学生进行，教师适当给予补充。课堂小结一般围绕着学习目标的完成情况来进行，要求简洁、全面，反映出学习的重点和难点和所学内容之间的逻辑关系。

（三）创设有利于学生自主学习的课堂环境

1. 合理安排有助于学生自主学习的座位

课堂物质环境包括温度、光照、座位安排以及学生自主学习所需学习材料、学习设备等。其中座位的安排对学生的自主学习影响较大，这是因为座位的摆放方式会影响到师生之间、同学之间的信息交流、学习互助，并关系到学生的自主学习是否有一个安静的学习环境。

教师对学生的座位安排主要有半圆式、分组式、剧院式、矩形式四种方式。四种方式各有其优势，教师可根据学生的特点、教学的方式和班级纪律情况综合考虑决定采用何种座位安排。一般来说，分组式和矩形式更有利于学生的自主学习，自主学习需要同伴之间的合作互动。但是如果课堂纪律较差，采用半圆式或剧场式对学生的自主学习更为有利，因为这两种座位安置方法能够更好地避免学生的学习干扰。

2.营造良好的课堂心理氛围

巴班斯基说："教师是否善于在上课时创设良好的心理氛围，有着重大的作用。有了这种良好的气氛，学生的学习活动就可进行得特别富有成效，可以发挥他们的最高水平。"现代心理学理论和教育理论也证明，学生如果在压抑、被动的氛围中学习，学习的主动性和积极性极易被抑制，其学习效率也必然是低下的。因此，教师应努力营造和谐的课堂心理氛围。

（1）建立相融、和谐的课堂人际关系

课堂中的人际关系影响到师生之间、生生之间的互动，影响到课堂气氛，对学生的自主学习也有着较大的影响。课堂人际关系主要有师生关系和同伴关系。根据林格伦的观点，师生关系主要有四种类型。

林格伦认为：在类型1中，师生的互动最差，教师与学生只有单向交往；在类型2中，师生之间虽有互动，但师生之间的关系不平等，学生之间也没有互动；类型3中生生、师生之间都有互动，但师生之间的交往地位并不平等；只有类型4，才是一种平等、交往的关系，只有这样，才能让学生进行主动、合作、自主探究式的学习。

有利于学生自主学习的课堂是以学生为中心的，而以学生为中心的课堂最为关键的特征是平等和谐的师生关系。而学生感到与教师之间关系相融、和谐，就会产生情绪的安全感，产生更强的自我效能感，从而提高学生自主学习的效率。因此，建立起宽松、平等、和谐的新型师生关系，是促进学生自主学习的重要保障。自主学习要求教师对学生的态度不能居高临下，教师应作为"平等中的首席"对学生的自主学习进行有针对性的指导。

有利于学生自主学习的课堂还必须有良好的同伴关系。研究发现，人缘好的学生在课堂中是最受欢迎的，他们具有较高的安全感和自信心，更具备积极的学习心理准备。因此，教师在构建良好的师生关系的同时还要关注生生关系的和谐。

（2）营造平等、尊重的课堂气氛

语文教师应实施民主的课堂管理，充分尊重学生。当学生能积极主动参与，提出独到的见解时，教师应予以肯定；而当学生遇到问题时，则要多给予帮助和鼓励。师生之间应彼此理解、信任和合作。

在传统教学中，语文教师一般在坚守标准答案的立场上审视学生的回答，而学生自己的思想往往被忽视，得不到真实的指导，仿佛学生的回答只是满足教师教学环节的需要。因此，语文教师必须消除师道尊严的传统思想，真正把学生看作是平等共同合作的伙伴予以尊重，注重学生的发展。

（3）用激励提高学生的自我效能感

第斯多惠说过："教学的艺术不在于传授的本领，而在于激励、唤醒和鼓舞。"激励是激发人的动机、调动人的积极性的重要手段，也是发挥教育的重要原则。行为科学的实验也证明：一个人在没有受到刺激的情况下，他的能力仅能发挥到20%～30%，如果受到充分的激励，其能力就可能发挥到80%～90%，这充分说明运用激励机制是提高学生的自我效能感，促进学生进行自主学习的重要举措。

在语文教学中，不要轻易否定学生的成果，这样会给学生的心理带来不安全感和怕受批评、紧张的情绪，容易抑制学习的积极性。任何时候，教师都应及时鼓励学生："你真了不起！""你真不简单！"即使学生做得不够好，你也可以说："你做到这一步确实不容易，你已经努力了。"自信心是创造力的要素之一，教师这种激励性的语言无疑会增强学生的学习信心，有利于调动学习的主动性和积极性。此外，如果教师能够准确地把握每位学生的认知特征和人格特征，形成恰如其分的期望，那么这种期望就会产生巨大的力量，激发学生内在的潜能，并转化为积极实践的动力。

为了促进学生的自我管理、自主学习，我们应该鼓励学生进行相互激励和自我激励。如对于为学校、班级争得名誉的同学，要求全班同学向他祝贺，感谢他为学校、班级做出的贡献；同时要求他介绍自己的成功经验，鼓励同学们一同努力。对于学习取得明显进步的同学，要求同学们向他祝贺，同时要求他介绍自己取得进步的经过。对于课堂上回答问题突出的同学，要求同学们对他的回答做出积极评判。小组合作学习取得成功时，以合作小组为奖励单位，而不是分别奖励个人，让小组成员在分享合作成果时相互激励。

当然，激励不仅要有恰当的内容，而且还要有灵活的表达。激励可以是正面的激励，也可以是十分得体的反面激励。可以这么说，抓住时机、采用恰当的形式、从关心学生发展的角度出发对学生的得体的激励是促进学生自主学习的强大动力。

（四）建立有利于学生自主学习的课堂准则

倡导学生自主学习、主动探究、张扬个性，并不是不要纪律和规范，合理的课堂准则，既是提高语文教学效率的重要因素，也是培养学生良好自主学习习惯的重要途径。

1.让学生参与课堂准则的制订

有的教师面对自主学习课堂教学组织形式的多样，怕课堂出"乱"，就制订了烦琐的课堂规范，课堂组织按照教师的指令，井然有序地进行，这样就使整个课堂处于教师的严密控制之下。因为教师牢牢控制了课堂，学生的学习自主性势必受到制约，常常出现课堂讨论不到位，活动放不开手脚等现象。在这样的课堂中，学生往往只有机械的讨论和活动，讨论不到位，活动不充分，思维不深入，这样师生之间就不能真正达到情感互动和思维碰撞。正因为烦琐和严密的课堂管理规范存在，这无形中才给学生布下了条条框框，从而束缚了学生的手脚，课堂目标的落实势必成了一句空话。学生自己选择的方面越多，责任感可能就越强，就可能把更多的精力投入到学习活动中。教师在学习内容、教学程序、学习评价、纪律等多个方面应给予学生选择的机会；听取学生的反馈，请大家提出必要的修改建议，根据学生的反馈意见来改善自己的教学与管理；与学生一起制订课堂规范，并要求学生反思需要制订的这些规则的原因，当学生参与到课堂规范的制订后，他们会更愿意遵守这些规范；在课堂上采用以学生为主导的学习活动，教师讲解、合作学习、独立做作业、集体讨论、表演等多种学习方式，能够使课堂变得生动活泼，更好地激励学生自主学习；让学生进行自我评价，学生对自己的学习进行反思，不仅会使他们对自己的学习产生一种责任意识，而且还会使学生持续不断地关注自己的学习成效。

2.建立以自我管理为特征的课堂准则

自我管理是一种帮助学生有效地跟踪和改变自己课堂行为的方法。它包括自我评估、自我记录、自我评价、自我监控和自我指导等。自主学习能否收到良好的效果，有赖于学生学习过程中自我管理能力的高低。教师要提高学生的主体参与意识，培养学生的自主管理能力。在课堂管理中，教师要尊重学生学习的自主权，对学生的学习进行有效的指导，让学生参与到课堂管理中来，让学生认识到学习是自己的事，课堂的管理也是自我的管理，学生本人也是课堂的管理者。

教会学生自我管理，可以使语文教师将更多的时间用于教学，而将更少的时间用于管理学生的问题行为。更为重要的是，这种技能一旦获得，学生可以终生受用。可以说，学生自我管理是课堂教学管理的最高境界和归宿。

学生在课堂上的自我管理，表现在心理活动上有以下几个方面：学生能够自我认识、自我分析、自我评价，既能发现自己的长处，也能看到自己的不足，不断提高自觉性；能够自我体验、自我激励、自我克制和自我调节，不断提高情感的控力；能够自我监督、自我约束和自我磨炼，不断提高战胜自己的能力；能够自我计划、自我检查和自我提醒，不断提高自立、自强能力；能够自我反思、自我感悟，自主维持课堂纪律，自觉解决课堂出现的问题，实现师生对课堂管理权的分享。

第三节　语文导入学习

一、有效的课堂导入

俗话说："好的开始是成功的一半。"大家可能容易忽略这句话最关键的字"好"，把重心放在"开始"。同理，"导入"也是一节课的开始，至关重要，但也只有"好的""有效的"导入才是一节课制胜的法宝。有效地导入环节不仅能反映出教师对于整节课的把握，而且更能表现教师个人的魅力及特点。有效的课堂导入在教学过程中充当重要角色，能够起到总领全局的作用。对语文这门课而言，导入更是兼具艺术性与功能性。但在实践教学中，有许多教师对于导入都是浅尝辄止，未能对导入进行系统研究。教学是教师和学生互动的双边活动，长久以来，导入似乎成了教师的个人表演，学生只是被动的参与者。教师不能做到"知其目标而为之"，学生更不愿主动参与课堂活动，这使学生丧失了一定的主导性和设计能力，成为学习的被动者。因此，高中语文教学中的导入策略不容疏忽，它是构成师生互动的一个重要环节。从系统性、整体性的角度研究导入环节，制订适宜的导入策略，更能够提高导入教学环节的有效性。

（一）课堂导入的概念

课堂导入也就是通过一定的教学环节设计，教师使用富有启发性的导入语和激发学生学习兴趣的教学方式和手段展开的语文思维活动。可以说，课堂导入环节的效果可以直接影响到教师后续的课堂教学情况和效果。同时，课堂导入还可以利用简洁的教学语言拉开教学序幕，并随之展开教学主题内容。

导入是教学活动的首要环节，一般为3~5分钟的教学过程，具有激发学生创造力、唤醒学生积极主动性的作用。但在实际教学中，教师对于导入教学环节存在许多的误区。在专业学习过程中，导入是教学设计中一个必不可少的环节，在整个教学设计中能够起到提纲挈领的作用。在高中语文的学习过程中，有效地导入能够使学生更加体会到文学作品的魅力，让学生能够学有所获。

为了谨防进入导入概念的误区，认为"导入语"就是"导入"，需要明确二者之间的关系。导入是整个教学过程中的一个环节，包括许多教学方法的运用，有行动，也有语言。而导入语专指导入时运用的语言。导入语是导入教学的一部分，它们之间是包含和被包含的关系。

优质教学将新课程目标三个维度的整合、整体发展纳入其发展观，将思维过程、日常经验、开放建构和全局联系统筹纳入其知识观，将积极主动、开放创新和体验性纳入其学习观，呼吁教师转化为教学的促进者，追求知识到智慧的转变。目前，对优质教学的研究尚处于整体研究的阶段，对教学具体环节落实方面的研究还留有很大空间，对优质导入的研究也不例外。知识观、学习观、教学观的改变，对课堂导入的实施提出了新的要求，即在导入中不仅要创立教学内容之间静态的关联，还要实现教学内容中知识的动态联结。

（二）课堂导入环节的作用

教学过程是一个由多种因素和变量共同参与的系统，要在多种因素的影响下取得令人满意的效果、优质高效地达到预定的目标，就需要对其进行全面细致、精心巧妙的安排。进入高中阶段的学生，各方面知识、能力等都有了一定的深度，在为教师备课提供更大的可能性空间的同时，也对教师的能力、课堂教学提出了更高的要求。

尤其是高中学生的学习任务重、压力大，课间学生忙于探讨、吸收刚刚学习过的新内容，或者利用课间进行放松，在下一节课开始之前，学生可能还处在课前混乱的状态。课堂导入则可以起到极好的缓冲、过渡作用。丰富有趣、多样化的导入方式，可以在视觉、听觉或者是在心理上对学生产生较为明显的"刺激"，让其收心，逐渐把学生的注意力从课下散漫的状态调整到课堂集中的状态，转移到教学内容上。

1.稳定学习情绪

学生在课堂伊始，往往还沉浸在课间的休息氛围中，并不能快速进入课堂学习氛围。这时，教师使用课堂导入的教学方法就可以稳定学生的学习情绪，使学生以最快的速度进入学习状态。同时，教师还可以通过课堂导入来平复学生的情绪，将学生从课下的轻松状态中拉回到课堂氛围中。因此，教师可以结合课堂导入环节，使用精彩的导入语言或活动来抓住学生的思维与注意力，并有序进入课堂教学环节。

2.增强注意力

学生的注意力集中时间是有限的，因此教师应通过课堂导入的方式来尽快帮助学生将注意力集中在语文课堂上，以期提高学生的语文学习效率和促进课堂有效教学系统的构建。教师应该结合不同的教学导入手段，帮助学生以最快的速度提高自己的学习注意力，并将注意力集中在语文课堂知识的学习上。

3.激发学习兴趣

兴趣是提高学生学习效率的重要动力，也是引导学生遨游语文文学海洋的重要手段。可以说，教育的艺术就在于使学生对教师所教的东西感到强烈的兴趣。因此，教师通过课堂导入环节来增加学生的学习兴趣，可以通过诙谐、幽默、引人入胜的导入手段来增强学生的导入环节参与程度，并帮助学生在兴趣的激励下积极投身于语文课堂学习。

4. 提高师生沟通互动

良好的、有效的师生互动是提高语文课堂教学导入的有效推动力，也是教师博得学生好感的重要教学阶段。可以说，人类是很重视"第一印象"的，而课堂中的导入环节往往就是学生对于这一堂语文课和语文知识的第一印象。因此，教师应该重视导入环节的安排，并利用导入环节来充分博得学生的好感，使用朴实亲切的语言来开展语文导入环节的师生沟通互动，以期在导入环节建立良好的师生互动关系，营造良好的课堂学习环境与氛围。

5. 明确教学方向与基调

通过导入环节的设置，教师可以明确语文课堂的教学方向和教学基调。也就是说，导入环节的设置可以明确教学目标，并帮助教师严格按照既定的教学目标进行教学。同时，有效的课堂导入还可以设定好课程的主旨与情感基调，这就需要教师结合语文课程的实际教学内容进行设定。只有依靠导入环节实现了教学方向的设定，确定了学习内容的主旨、教学情感的基调，才能顺利完成整个语文课堂的教学任务。

（三）有效课堂导入的理论基础

随着时代的发展、社会的进步，更多的学者和教育者充分意识到导入在课堂教学过程中的重要性，并着手一系列的卓有成效的研究。从笔者查阅的文献资料来看，主要集中在对课堂导入语的功能与意义、原则和技能方法等方面的研究。

二、课堂导入环节的重要意义

教学过程是一个由多种因素和变量共同参与的系统，要在多种因素的影响下，取得令人满意的效果，优质高效地达到预定的目标，就需要对其进行全面细致和精心巧妙的安排。进入高中学习阶段的学生，各方面知识、能力等都有了一定的深度，在为教师备课提供更大的可能空间的同时，也对教师能力、课堂教学提出了更高的要求。尤其是高中学生的学习任务重、压力大，课间学生忙于探讨、吸收刚刚学习过的新内容，或者利用课间进行放松，在下一节课开始之前，学生可能还处在课前混乱的状态中。课堂导入则可以起到极好的缓冲、过渡作用，丰富有趣、多样化的导入方式，可以在视觉、听觉或者心理上对学生产生较为明显的

"刺激"，逐渐把学生的注意力从课下散漫的状态调整到课堂集中的状态，转移到教学内容上。

总结发现，我国在导入的理论研究方面已经做得相当完善，只是在结合教学实例归纳总结方面还有待提高，尤其缺少对整个高中语文必修全面的理论结合实际的研究。因而我们可以在结合具体教学案例分析的基础上，对高中阶段的课堂导入进行研究。而致力于钻研和探讨教学导入对整个高中语文高效课堂的实现也显得尤为重要。从整体上看，高中语文导入教学还存在一些普遍的问题，如师生不重视课堂导入，认识不到它的重要性；教师在教学导入技能方面知识欠缺等。因此，教师要根据课文的教学目标、教材特色，还有学生的心理特点、教师的个人情况等创造性地设计导入语，营造气氛，促使学生更好地进入课堂学习情境。教师为了更好地提高个人的课堂导入水平，只加强理论学习还不够，关键是要结合实践，多与有经验的教师交流，多总结反思，以促进自己在课堂导入这条路上走得更好。

（一）有效课堂导入的内涵

有效的课堂导入将新课程目标当中的三个维度整合，整体发展纳入其发展观，将思维过程、日常经验、开放建构和全局联系统筹的知识观，开放创新和体验性的学习观，呼吁教师转化为教学的促进者，追求知识到智慧的转变。有效课堂导入教学研究目前尚处于初步研究的阶段，在教学具体环节落实方面的研究上还留有很大的空间，对有效导入的研究也不例外。知识观、学习观、教学观的改变，对课堂导入的实施提出了新的要求，即在导入中不仅要创立教学内容间静态的关联，还要实现教学内容中知识的动态联结。

1936年，美国爱伦教授论述了导入的作用，即"引起学习兴趣，激发学习动机，引起学生注意，帮助学生进入学习情境，为新知识教学做好铺垫，使学生明确学习目的；划分了导入技能的类型；明确了导入原则，包括目的性原则、针对性原则、关联性原则、直观性原则、趣味性原则"。20世纪70年代特耐等人提出导入的功能，为引起注意、激起动机、明确学习目的以及建立联系等。从国外学者对导入作用的研究分析中可以看出，他们都认为导入的设计只有在遵循一定原则的基础上，运用恰当的导入方法，才能实现它在课堂中的重要作用，即激起兴趣、吸引注意、活跃思维、明确目标、联系旧知，使学生尽快进入学习情境。

在20世纪80年代，西方学者洛格·戈尔等人研究得出结论，认为教师在课堂导入时要采用丰富多样的导入方式，用学生熟知的知识或话题导入，可以营造良好课堂氛围，促进师生、生生之间的感情交流，学生在这样轻松自在的气氛中更容易接受知识、打开思维。这种采用课堂导入的方法来打开一节课的教学方式能够吸引学生注意力，促进课堂教学的优质高效。我国当代的学者及教育工作者对课堂导入的研究也非常重视。

（二）有效导入是实现教学目标的前提

《普通高中语文课程标准》从知识与技能、过程与方法和情感态度与价值观三个方面确立了课程目标，是一个互相联系的统一整体。知识与技能是起点，是另外两个维度的载体，也是整个目标得以实现的着手点。过程与方法是获取知识、形成技能、培养能力的"纽带"，其中"过程"更是情感、态度和价值观得以内化的"加速剂"；情感态度与价值观中"情感态度"包括学习动机、学习兴趣、学习情绪和内心体验等影响学习的情感因素，也包含学习态度、科学态度、生活态度等；"价值观"则强调个人价值与社会价值、科学价值与人文价值、人类价值与自然价值的协调统一。情感态度与价值观的整体实现离不开前两个方面的落实，同样，前两个方面的实现，也离不了情感态度与价值观的支撑。所以，课程目标的三个方面是联系统一的，构成一个"铁三角"，缺少任何一方面，其他两方面都难以实现。传统教学侧重知识与技能，新课程标准从以上三个方面提出目标，使得知识与技能不再孤立，有了过程与方法、情感态度与价值观的支撑，得到学习动机、兴趣及学习责任感、学习态度的配合，学习就会成为发自内心的需要，成为一种乐趣。

但是，任何科学优质的目标，都依托课堂教学的实施才能实现。自课堂开始到进入学习状态，需要一个缓冲过程。尤其是高中阶段的学生，在学习和考试的双重压力下，时间被压缩得非常紧实，课间不得空闲，在下一节课开始之前，学生或许还处于对前一堂课学习内容的吸收、消化中。此刻，导入则显得尤为必要，能极为有效地将其调整到当前学习中，可以说是实现教学目标的前提。

（三）有效导入帮助教师树立教学自信

在有效导入教学理论的推动下，教师变成了课堂教学的促进者，职责和任务变得多样、多重，作用更加多元。语文作为综合性极强的学科，教师若仅仅是有着传统的专业知识和教学技能已不能适应需求，而是应该有智慧教学的追求，要根据教学目标和学情进行优质教学。此外，一名语文教师若想从根本上提升自己的教学水平，也必须要树立优质教学的意识，从知识积累、教学技能、道德修养等多方面入手，从而获得成功。在导入环节中也应该贯彻这样的理念，兼顾各方面，实现导入的优质高效。如此也必将得到学生的积极配合，在踏上讲台之初便赢得学生对教学内容的期待、对教师能力的信任，让学生对后续学习有兴趣，并且保持住这样的热情。当学生从眼睛、神情、语言、肢体中将这种热情自觉地流露出来时，则是对教师莫大的鼓舞。而这种鼓舞能振奋教师的教学情绪，提高教师教学的兴奋度，增强了教师的自我效能感，树立教师的教学信心和威信，教学也会变得更有感染力，与学生的学习兴趣实现良性互动。

（四）激活学生的学习兴趣

学生不是一张可以随意涂抹的白纸，任何新知识和新技能的学习都是建立在原有知识和经验的基础之上的，更需要学生有学习兴趣。兴趣在所有学习活动中都起着重要的作用，低效的教学，往往会忽视新旧知识间的联系，给学生造成学习困惑，使其望而生畏，因而丧失学习的兴趣，甚至放弃学习。对于语文学习而言，兴趣是构成学生自主、积极学习的核心因素，是学习的催化剂。所以，要促使学生主动学习语文，就必须培养学生的语文学习兴趣。

有效的课堂导入要求教师结合具体教学内容，从学情出发进行教学的探求与创新，构建和谐的学习氛围，形成主动性、生成性、发展性的学习局面。课堂的每一分钟都非常宝贵，虽然在日常教学中不可能要求学生将每一分钟都用于学习，但也不宜将过多时间白白浪费在学习准备、环节转换等方面。因此，教师要在导入环节中用最恰当的时间、最有效的方式去激发学生的学习动机，从而为整个课堂教学的推进打下良好的基础。

三、课堂导入环节的分类

教学策略是指为达成教学目的与任务，组织与调控教学活动而进行的谋划。它的实施主体是教师，是教师为达到一定目的、任务，考察客观条件和主体的优势而采取的主观决策。在"以人为本"的教学观的影响下，教师在实施教学策略时更需要考虑学生的情况。

（一）课堂导入组织要素的分类

教学活动是以教师为主导、学生为主体，在不同的教学环境中，运用适当方法组织的活动。导入作为课堂教学的首要环节，也有其组织系统。所谓"导入"的组织要素，即人的要素，也就是教师和学生在教学中的组织关系。一直以来，教师都是教学活动的设计者、执行者，在教学活动中发挥着主导作用。但是，随着"以生为本"教学理念的深入人心，学生在教学活动中的地位越来越突出，教育工作者更加关注学生的学习状况，不再盲目强调教师的权威，忽略学生的诉求，师生之间的关系发生了变化。教师从施教者，到既是施教者又是受教者；学生从被动接受者到主动探索者。从这些变化中可以看出，教学活动应强调发挥学生的主动性，培养学生的综合能力。因此，笔者将导入的组织要素分为教师独导、师生共导、学生独导这三种情况。

1.组织要素的具体分类

一是教师单独导入。教师独导是指教师独自导入，也就是指以教师为操作主体的课堂导入。这是教学活动中最常见的组织形式。具体表现为，教师独自在讲台上滔滔不绝地讲说3~5分钟，类似于独白的方式。因其具有强有力的掌控力，深受广大教师喜爱。但这种组织形式，学生的参与度几乎为零，不利于师生情感交流。教师独导在教学中一般表现为教师以语言的形式独自来导入课程。因其具有巨大的优越性，故而，在教学中，往往成为教师进行课堂导入时的首选。教师独导的优越性在于以下三点：首先，其便于教师对教学目标和教学计划的掌控，在完成教学任务时，总会因为课堂中出现的意外而耽误教学进程，教师独导有利于完整地呈现教学预设；其次，相对于其他的教学形式而言，便于完成难度比较大的任务，教师意志至上，学生处于模仿学习的阶段；最后，教师独导易于实施，因不需要学生参与，极少发生课堂教学事故。

相对于教师独导的优点，它的缺点也有目共睹。首先，在教师独导中，教师容易表现出"绝对权威"，面对学生，经常呈现一种强者不容置疑的姿态，在这样的环境中，容易导致学生丧失自主学习的能力，形成一种被动教学；其次，教师在独导中用语言开场，形式单一，导致学生丧失学习兴趣；最后，教师独导不利于培养学生的合作精神。在新课标中多次提及要培养学生的合作精神、探究精神、创新精神，通过课堂教学活动，培养学生完整的人格。但教师独导这种形式偏向于对教师个人能力的展现，所以在采用这种形式时，教师需要慎重考虑。

二是师生合作共同导入。师生共导是指在实行导入时，由学生和教师一起来完成教学活动。一般在教学中，展现的形式是师生问答、活动互动等，相比较之前的"教师独导"，更能体现学生在教学中的作用。教师用平和、平等的态度来引导学生学习，调动学生的积极主动性。

三是学生主导。学生主导导入时，由学生承担主要的导入教学活动。导入教学在一般情况下是指教师对教学对象提供的教学活动，教师是活动的主导。前面两种教学方法中，也同样是教师为主导来完成教学任务。但新课标要求积极倡导自主、合作、探究的学习方式，语文教学应为学生创设良好的自主学习情境。在新的形势和要求下，教师需要慢慢放开对学生的限制，把课堂交给学生。

学生主导这种教学策略一般运用于学生自主探究的活动课程。在活动课程中，教师起辅助作用。学生通过探究、合作，解决学习中的问题。在"以生为本"的教学理念中，学生是教学的中心，应以学生为主导。在实践中，教师先确定好主题，再由学生自己组织活动，研究这个问题。这种全面自主学习的探究类课程，更能考验学生各方面的能力，调动学生学习的积极性。

学生主导在教学过程中比较罕见，其缘由大致有四个方面，其一，教师乐于用传统的方式教学，以完成教学任务，忽略培养学生的自学精神和探索精神，不愿将时间交给学生。其二，学生主导的组织方式不是对每种课程类型都适合，主要针对的是学生主导的自主探究课程，运用的机会较少。其三，现实情况决定了难以实施。高中生面临高考压力，功课多、时间紧，而教师教亦无充足的时间给学生探索。其四，校园图书、资料等资源有限，学习资源开发不足。大部分中学图书馆建设不完善，没有对学生开放，学生无法获取大量的资料来进行自主探究。纵使有以上缘由使得"学生主导"的形式罕见，但其优点还是不可忽视。

首先，有利于培养学生的组织能力、创新能力。学生自己组织活动，更能培养学生各个方面的能力，发现自我不足之处。其次，从心理学角度来说，学生自己组织活动，有利于师生间的换位思考，有利于师生关系和谐发展，更有利于激起学生的求知欲。另外，高中阶段学生的同伴影响力巨大，甚至大于教师的权威。合作式学习有利于发挥同伴的影响力，有利于学生发现自我不足之处，自我调适，并自我完善。

2.导入环节组织形式运用注意事项

所谓"教学有法，贵在得法"，教师必须遵守教学方法，同时又能够灵活运用。只有选择适当的方法，才能够使教学发挥最大的效果。上述策略同样也只有在了解教学内容和学情以后，才能够做出准确的判断。但学情千姿百态，每一个班级都有自身的特色，因此教师需要在教学中仔细观察，才能"因材施教"。而教材具有固定性，比较容易研究。一般来说，高中语文教材编辑者考虑到学生的心理状况，学习内容也是由易到难。这样的编排，有利于学生对知识的理解。下面以高中语文必修教材为基础，具体分析组织要素运用时的注意事项。

课程内容是课程的核心要素，从总体上讲，课程内容是根据课程目标从人类的经验体系中选择出来，并按照一定的逻辑序列组织编排而成的知识体系和经验体系。一直以来，对于课程内容的争议比较大。"传统学派"认为，课程内容是按照一定的逻辑系统组织的知识文化体系，目的是更好地学习知识。而"现代学派"认为，应该以学生的兴趣爱好为标准设计教学课程。目前，接受最为广泛的观点是，课程内容应该兼顾知识体系与学生兴趣，课程内容应该具有知识性、生活性、综合性的特征。

3.导入组织要素的实践启示

上文详细介绍了组织要素的分类与运用注意事项，能够使大家更好地了解"导入"的组织要素，从而解决导入教学中的诸多问题，有利于建立高效语文课堂。从组织要素角度来看，无论是教师独导、师生共导、学生独导中任何一种组织形式，教师和学生必须好好沟通，这样才能将无意义的被动学习转变为有意义的主动学习。在教学组织方面，教师需要采取多种多样的教学策略，找到适合学情的教学策略，以此来解决忽视学情与情感交流的问题。此外，导入的组织要素对实践教学还有很多启示，主要包括增强自主探究活动、课程内容决定教学方式等。

（1）增强学生的自主探究活动

新课标中强调加强学生的自主探究和创新能力，强调语文教学主要在于应用。学生只有在应用中才能体会知识的重要性，发现自己的不足之处。因此，教师在导入中应该增加自主探究活动，即以"学生独导"为主的导入形式。学生才是学习的主体，教育工作者应时刻谨记，但要真正付诸行动，则需从以下两方面来考虑。

第一，自主探究活动导入完全交给学生，教师监督。这种模式又叫公司模式，师生之间的关系变成公司中上司和下属的关系。教师严格监督学生的执行情况，却不直接参与到学生的活动中，让学生自己统筹各方面的事情，设计方案，执行方案。教师采用灵活多变的教学活动，锻炼学生全方位的能力－语言运用能力、组织能力与合作能力，甚至学生的自信心。生的信心，以及教师对教学活动的掌控力。了解学生的品格，有利于对学生进行正确的引导。

第二，做好导入前准备工作，分为教师准备工作与学生准备工作两个部分。日常的教学经常提及的是教师的准备工作，即备课，忽视学生准备工作，即预习。当然，在自主探究性活动课程中，学生准备工作占主体。学生准备工作不仅仅是对下次课的教学内容进行预习准备，如读书、查字典、完成教师布置的课后任务等，更倾向于自主挖掘相关主题的内容。

明确以上两点，自主探究性活动导入就比较容易实施。导入方式多种多样，最主要的依据是学生的特长。如"开场白"式导入、舞蹈式导入、讲故事式导入、试验式导入、图片展览式导入等。导入方式的运用，主要以学生的兴趣与活动形式来展开。

（2）课程内容决定组织导入方式

在选择组织导入方式时，哪种最适宜？笔者在对课堂中常见的两种课程类型进行整理与观察之后，根据教学实践效果给出以下两点建议。第一，师生共导、教师独导比较适用于学科课程。笔者对高中语文必修教材整理之后发现，教材主要是以"学科课程"为主，而"学科课程"属于知识体系，学生在没有教师指导下很难独自完成。相对于"活动课程"来说，"学科课程"的学习难度比较大，学生自由发挥的空间比较小。在这种情况下，若是选择教师掌控力度较强的师生共导、教师独导的策略，有利于教学目标的顺利完成，有利于在教学过程中构建一个完整的知识体系。

第二，学生主导比较适用于活动课程。从上文"活动课程"的定义可以看出，其是以学生为中心的。卢梭的自然教育思想是活动课程的思想依据和理论源头。

卢梭在《爱弥儿》中就主张让儿童能够不受任何束缚，自由成长。活动课程充分遵从这样的思想，以学生的兴趣爱好为依据，设计教学课程。这种类型的课程主要是培养学生的动手能力与知识运用能力，但知识体系不强，学生无法从中获得系统性的科学文化知识。为了避免这样的缺陷，在高中语文必修教材编排过程中，编者安排的活动课程难度比较小，可塑空间比较大，能够按照学生自己的能力自由发展，而且所占比例较小，起到辅助作用。

（二）课堂导入形式策略的分类

形式策略是教学策略中的具体形式与方法。教师通过具体操作手段来达到教学目的，完成教学任务。不同于前文从"人"的角度分析探究，这部分的内容将从教学活动的"操作要素"入手，分类探究导入环节，将导入类型分为语言导入与行为导入两种。在下文中，笔者将对这两种导入形式做出具体的分析，同时，提出在实施过程中的原则，以及导入形式策略对于教学实践的启示。

1.具体分类

导入的形式策略又被称为操作要素，即根据导入载体或形式的不同，可把导入策略划分为语言导入和行为导入两种类型。本段中将导入的形式策略分为语言和行为两个大的范畴。人文课程倾向于一个或者两个目标，即工具性目标旨在发展部分学生的技能和能力；人文性目标旨在增进学生的背景知识和形成态度，使学生能继承传统，增加和丰富经验。语文是工具性和人文性相一致的一门学科，以上关于形式策略的分类充分体现了语文学科的这两种特性。

（1）语言导入

语言导入是教师经常选用的一种策略，主要是通过语言引入教学活动。其一般表现为教师用独白式的语言开场，吸引学生进入学习环节。在前文中笔者叙述了"导入"与"导入语"的概念辨析，展现了"导入语"在"导入"中的重要作用，充分有效地发挥"导入语"的作用，有助于提高课堂效率。但在教学实践中，教师经常会误用导入语，使其没有达到最佳效果。在实践教学中对于导入语的使用，经常会陷入以下三个误区。

第一，语言华丽，但没有逻辑性。美国心理学家弗拉威尔提出了"元认知"理论，指出人们会对自己的认知进行再认知。也就是说，人会对已有的认知进行再次的重组、建构、融合等活动，直到完全被自己吸收、接纳。这个过程是人与自己对话的过程，是一种隐性的内部语言。故此，语言不仅是一种交流工具，更是人的内部思维的反映与显现。语言展示的是人的内部思维，教师不能清晰地表达教学目标，不利于学生逻辑思维能力的培养，长此以往，会让学生走进一种误区，即学生会认为语言本无逻辑性，拥有华丽辞藻的文章就是好作品。这种误解将会妨碍学生对文学作品的解读,不能真正欣赏思想深刻的作品。为此,教师在导入环节,需要逻辑清晰,而不是迷失在华丽的辞藻中。

第二,语言苍白,毫无美感。如果说缺少逻辑性是教师导入语的硬伤的话,那么语言苍白就是教师导入语的内伤。语文导入需要展现有美感的语言。有美感的语言并非等同于华丽的语言。有美感的语言是直击学生心灵的语言,充满智慧与生命活力的语言;而华丽的语言,并不一定有生命力。苍白的语言无法传递有效信息与美感。课堂中,教师经常用类似"导致这件事的原因很多,上面所述很重要,但又不那么重要"的句子来表述,语言苍白而无逻辑,往往使学生抓不住重点。叶澜先生就曾提出建设具有生命活力的课堂,运用充满感情的语言教学。因此,语言要充满美感与生命力,而非苍白不堪。

(2) 行为导入

行为导入是教师通过非语言的形式为学生创设情境引入教学活动。课堂中的行为可以分为两大类,一类是潜在行为,即教师无意识的行为动作,如教师的肢体动作、板书行为、站姿与穿着打扮等。另一类是有意识行为,即教师有意识地通过某种行为,达到教学目的。例如,化学、物理等学科中,教师经常通过某种化学实验或者物理实验激起学生的兴趣,导入课堂所教授的内容。而在语言类学科中,教师常常忽视行动导入的作用,并未有意识采取某种行为引导学生完成教学任务。因此,教师要重视行为导入的优势,重视自己的行为对学生的影响。行为导入的优势主要有以下三点:

第一,生动活泼,吸引学生。行为导入是一个动态的过程,抓住学生的猎奇心理和好动的特点,容易吸引学生的眼球。相对于语言传递的信息,行动更具有说服力。例如,化学教师利用语言向学生描述蜡烛燃烧所发生的化学反应,以及反应所产生的化学现象。学生只能借助于平时的生活经验来回应教师。但如果教师在课堂中完成蜡烛燃烧的试验,让学生观察现象,思考为什么会产生这种现象,实验会对学生产生刺激,从而激活他们的求知欲。

第二,行为示范,印象深刻。《世说新语》中有这样一则故事,谢公的妻子埋怨他不教导自己的孩子,谢公说:"我常自教儿。"意思是说自己常常用自身的言行来教导儿子,这则故事表达了行为教育对于孩子的影响十分深刻。美国社会心理学创始人阿尔伯特·班杜拉,提出了观察学习的理论。所谓"观察学习"是指,一个人通过观察他人的行为及其强化结果而习得某些新的反应,或使他已经具有的某种行为反应特征得到矫正。学生通过观察教师在课堂上的行为,可以习得、矫正自己的学习行为。例如,教师在黑板上的板书,字体、格式会成为学生模仿的对象,更会影响到学生的书写能力。因此,教师应为学生树立良好的行为榜样。

第三,情景设置,利于观察。情景是观察的对象之一,情景设置是教师采取的一种有意识行为。通过对教学任务的深刻解读，教师设置相关场景，引导学生思考。班杜拉的观察理论要求人们正视观察对于学习的影响力。因此，在教学中，教师可以充分调动学生的观察力，设置相关情景，完成教学任务。例如，在语文作文教学中，教师可以通过表演的方式来引出话题，既可以考验学生的观察能力，又可以改善学生词穷的现象。

2.导入原则

教学原则是有效地进行教学工作必须遵循的基础要求。纵观整个教育史，教学原则是人类宝贵的财富，在时代发展中，不断有学者从不同的角度来思考这一最基本的问题。同样，导入教学原则也遵循着这一最基本的要求，立足根本，紧跟时代的发展。新课标指出，"以人为本"是教育发展的根本，教学中要突出学生的主体地位，时刻考虑学生的发展。

（1）简洁性

导入环节的设计应具备简洁性，例如，在戏剧之中，一句简单的台词就可以流传千古，可见，简洁之中往往蕴含强大的力量与深意。同样，简洁是导入教学原则的首要条件。简洁性具有两个方面的含义，一是导入语言需要简洁。语文课需要展现的是语言的简洁之美，冗长的语言可能会让学生丧失兴趣，失去重点；二是导入形式要简洁。在课堂上，经常会出现"乱花渐欲迷人眼"的状况，多种形式杂糅，不能达到良好的效果。在教学过程中贯穿简洁性的基本要求，教师就要做到以下两点：

第一，导入时间不宜过长。导入时间一般为3~5分钟比较恰当，时间过长会让学生抓不住重点，并且丧失兴趣。经过心理学家研究，学生上课的注意力一般集中在前15分钟，并随着时间的延长而变得涣散。随后，教师需要利用适当的教学方法吸引学生的注意力。实践证明，导入作为教学过程的一小部分，必须在极短的时间内让学生抓住整节课的核心问题，从而有效地利用课堂时间。

第二，导入语必须简洁。语文是具有人文性与工具性的一门学科。语言是人们交流的工具，同时也具有审美功能。因此，如何做到使用与审美相结合是语文教师必须认真考虑的，同时也是语文课堂的特色之处，导入语更能体现语文教师对于语言的把握能力，若两者不能兼得，简洁就显得尤为重要。简洁的语言有利于教师清楚明白地传递自己的观点；有利于提升学生的语言文字运用能力；有利于提高课堂的教学效率。

（2）趣味性

学习是一个学习者自觉接受的过程。在教学过程中，教师首先要引起学生对学习的兴趣。学习兴趣的培养是一种长期有效的内在驱动，要能培养学生内在驱动型学习动力，最有效的办法就是通过外在行为刺激来使学生产生自主自觉学习的意识。"导入"就是一种教师对学生施行外在行为刺激的环节。一节课开始的几分钟内迅速吸引学生的注意力，才能在以后的学习时间里事半功倍。若要体现"导入"的趣味性，教师可以从以下两方面入手：

第一，内容方面要做到知趣知味。"趣味性"重在一个"趣"字，这种"趣味性"并不是一般所说的"娱乐性"，两者有一定的联系，却又是截然不同的两个性质。在笔者看来，语文教学中的"趣味性"更突出的是对教学内容的深入理解，挖掘文本内容的深层含义，而非单纯的搞笑行为。

第二，形式方面要做到与时俱进、择优而取。在互联网时代，多媒体的广泛应用使人们的生活变得丰富多彩，更加自由与便捷。在多变的时代，教学也应与时俱进。教师将多媒体引入教学，可使学生享受更好的资源，调研结果也同样表明，学生更青睐于多媒体教学。因此，教师需要多多考虑与时代接轨的课堂教学方式，以开阔学生的眼界。

（3）多样性

多样性是生命活力的体现。历来有许多教师为教育事业奉献自己的智慧，探索教学的多样化。"导入"教学同样要通过发掘多样化的形式来保证其活力。课堂"导入"的多样化是由课程的性质差异和课程内容差异决定的。按照语文课程性质划分，有文本解读课、复习课、实践活动课等多种课型，每个课型的要求不一样导致了"导入"的变化。而课程的内容也是复杂多变的，按照课本内容而言，不同题材或体裁的文章需要按照不同的"导入"形式来对待。要做到导入的"多样性"，需要教师熟练地掌握教学技巧，做到"因课制宜"。

（4）审美性

语文是具有审美功能的一门学科，这就决定了教学环节要具有审美性，让学生能够在美的环境中受到熏陶。朱光潜先生在《谈美》中曾指出，美的三种态度为实用的、科学的、美感的。这三种态度也是三种境界。这三种态度在语文"导入"教学过程中取决于教师本身以及教学环境这两个方面。首先，在语文学习过程中，语文教师自身的修养极为重要，这决定了在教学内容的呈现上处于哪一个教学境界。其次，诚如古语所言"工欲善其事，必先利其器"，无非做到"善假于物也"，通过营造外部教学环境，弥补教师自身的不足之处，展现课堂美感。例如，在上古诗词《醉花阴》欣赏课时，语文教师选择在教室播放优雅古典的古筝乐曲，师生沉浸在音乐中，感悟诗文的美感，理解美的事物都具有共通性。

（5）整体性

"导入"的整体性是指，"导入"并非孤立在整节课之外，它与其他的环节遥相呼应，彼此作用。但在教学实践中，教师经常忽视导入的存在。例如，教师说完"同学们，把书翻到xx页，我们接着上节课继续学习"之后，就结束导入。这样简单的导入,没有体现导入应有的作用,更没有体现导入的整体性原则。要体现整体性原则,教师在教学过程中应注意两点,第一,教师需要对课本进行深入了解,提高自己的文本解读能力,同时能够对教学内容进行整合。充分了解教学内容有利于教师提出核心的主题,明确教学目标;有利于教学过程如行云流水般,一气呵成,教学中每个阶段的升华都是水到渠成。第二,对于导入形式,根据需要,恰当选择,与其他环节之间的衔接要做到自然过渡。这种过渡可以是内容上的呼应,也可以是问题"导入",以问答形式贯穿始终。

3.导入语的设计

"导入"与"导入语"之间是包含和被包含的关系,但"导入语"在"导入"中的作用非同一般,它渗透在各种形式的"导入"之中,而且语言表达是语文教学中的重要内容,对于语言的熏陶应该是"润物细无声"。介于导入语在语文教学中的重要作用,笔者将在此单独提出导入语的设计原则。

(1)贴近生活

师生之间无论是年龄还是思想上都存在着巨大的差距,差距的存在会消减教师与学生之间的亲密度。有些学生用"白天不懂夜的黑"来形容教师不懂他们的心情。另外,经典课本与学生之间就具有差距,强烈的时代感让学生无法理解课本中所要表达的情感。基于以上两点,教师在设计导入语时,需要考虑接受群体能否理解。

(2)设置悬念

艺术之间都是相通的,正如经典戏剧之所以成为经典,就在于其能够不断引起观众的思考。例如,著名的哈姆雷特之问,"生存或死亡,那是一个问题",始终引导着大家去探索人性的奥秘。教学艺术也一样,不断地刺激学生发现问题,解决问题,从而不断成长。导入语以设置悬念的方式出现,有利于集中学生的注意力,有利于使学生掌握课程的主要表达内容,使学生在疑惑中找到人生的方向。

(3)富有文采,逻辑清晰

优美的语言不仅能提升教师的个人魅力,还能营造良好的语言环境。俗话说:"熟读唐诗三百首,不会作诗也会吟。"尤其对于语文来说,语言就是语文生命力的根本。语文教师要在使用导入语时,充分发挥自身的专业优势,导入语不仅要文采斐然,更要逻辑严谨。语言是思维逻辑的外现,教学方法中的复述就是不断锻炼学生的口头表达能力,从而提高语言逻辑思维。再者,导入语的根本目的就是让学生能够清楚这节课的主要任务,如果语言组织凌乱,就会事倍功半。因此,教师在设计导入语时,必须做到逻辑清晰。

4.实践启示

导入的形式策略是将导入分为语言导入和行为导入两个方面,从这两个方面来分析导入形式模式化的原因，大致有两个方面。其一，导入中过度使用语言导入。在传统的教学方式下，以教师独导为主，忽略学生的存在。其二，忽视行为导入形式。语文是一门关于语言、文化的学科，操作性不强，行为导入的方式出现的场合和时机比较少，在教学中容易被忽略。

从以上两个缘由来考虑，应加大对形式策略的开发，为一线教育工作者提供可操作的策略，从而改变导入形式模式化的问题。著名语文教师史金霞曾经说过，她把每一节课都当作一节新的课，从来不用一种方法来教授同一篇课文。正如史金霞教师所言，导入形式也应千变万化。为此，笔者将从语言导入和行为导入两个方面提出可行的操作方法。

（1）语言导入启示

语言是人类社会最重要的工具，是一种符号系统。语文课堂的有效导入通过传递有效信息激起学生的兴趣，明确教学目标，导入语在其中起到了非常重要的作用。导入语原则的提出为语言导入教学提供了依据，指导教师教学。面对忽视情感交流、形式模式化的问题，笔者在此结合导入语教学原则提出以下三种策略：

一是诗歌、名句导入。对语言华丽与逻辑二者之间的关系处理不好，容易走入两个极端，一面是语言苍白、毫无美感；另一面是语言华丽，没有逻辑。只有两者结合，逻辑与华丽并重，才能达到理想的课堂效果。语文课堂导入语更需展现语文学科的风采，经典诗歌、名句具有古典气质与雅韵，彰显语言风采。诗歌、名句导入，顾名思义就是利用诗歌、名句导入教学。为了体现语言的逻辑性，在选择诗歌、名句时，教师要注意以下事项：其一，诗歌、名句的选择要切合文章主旨，贴近文章内容，使导入语能够成为贯穿全文的一条线索，起到总领全文的作用。其二，选用的诗歌、名句贴近学生生活，最好是学生能够理解的诗歌、名句，有利于学生对于课文的理解。教师在引用的过程中需要条理清晰地讲解诗句的意思，消除学生的陌生感，引起学生的好奇心。

二是问答式导入。问答式导入又被称为提问式导入，是师生共导的一种常见方式。这种方法发源于西方苏格拉底的"产婆术"，又称为"谈话法"，通过激发疑问的方式刺激学生的求知欲。在问答式导入中，教师与学生之间通过交流促进了解，教师为学生设置一层层阶梯，让学生能够化大目标为小目标，逐步达到教学目标。这里淡化了教师的权威作用，为学生提供了话语权。问答式导入讲究的是提问的艺术，考验的是教师的提问能力。

（2）行为导入的启示

行为导入是课堂导入中的特殊方法，打破常规，用行动表达思想。行为心理学认为，可以通过反复重复、强调一个行为动作，对学生的行为进行纠正或增强，如巴普洛夫的狗的实验、斯金纳的行为主义理论、班杜拉的观察理论等。这些著名教学理论的提出就是从行为角度来研究教育心理。但现实中，教师对于学生行为的观察和研究并不太重视，鲜少把它当作一种教学方法。行为教学对学生来说很新奇，同时也能够起到不同的作用，是我们经常忽视的。

在教学过程中，行为可以分为两种，一种是仪式，这种行为本身就传递一种信息，是一种行为暗示，如同自然界之中，蜜蜂通过跳舞向同伴传递路线信息。另一种是带有目的性的行为方式，是为了课堂教学特殊设计的过程。

一是仪式导入。行为是表达人的思想的重要方式，能够对学生起到重要的影响，教师和学生常常习以为常，忽略这种仪式的作用。上课仪式是进入课堂学习的准备状态，是师生相互确认和传递期待、信任的过程。简单的仪式对教学有着重要的作用。首先，仪式具有规范群体行为，约束群体的作用；其次，仪式具有强化群体内部认同感和归属感的作用；最后，仪式协同参与者的步调。

教学中仪式导入的形式多种多样，最为常见的是起立、相互致敬、互相问好等行为。这种形式适用于各个学科，但根据学科性质不同，各科教师对仪式导入的方式也不同。例如，在英语课上，教师也许要求学生读一段英语导入；在历史课上，教师可以让学生讲一个与课文相关的历史故事；在语文课上，教师以听、说、读、写为基础，仪式导入会更丰富。行为导入虽然形式各异，但都能提高课堂效率。例如，同一年级的两个班，甲班的班主任特别注意自己班的班规，如上课必须起立鞠躬并说"老师好"。而乙班的班主任对这种有仪式感的事物不是特别注重。两种不同的态度导致两种不同班风。甲班学生在上课的时候，纪律比较好，学习比较自觉；乙班学生在上课的时候比较松散，给人懒散的感觉。这些行为虽然看起来简单，却能反映出一个班级的整体风貌，上课"起立、鞠躬"的行为，一方面是为了表达对教师的尊敬；更重要的是提醒学生上课，使学生收心。

二是表演式导入。表演式导入主要是教师根据教学内容与教学目标来设计，通过表演形式导入。教师有多重身份，扮演着不同角色。教师有时为了突出或引出主题，会精心设定一个情节，帮助学生加深理解，引起他们的注意，这种方式具有表演意味。表演也属于行为表现，表演式导入的优势在于，首先，学生能够迅速进入特定的环境氛围中，便于学生理解主题；其次，学生也是行动主体，是表演中的一部分，学生的反应能够刺激教师的教学行为；最后，语文课堂具有艺术性，能够带给学生美感。表演的艺术性能刺激学生的表现欲，同时也能改善领导人教学一成不变的现状。

（三）课堂导入资源要素分类

资源要素是对教学活动中使用的资源的总称。从"物"的角度来分析导入环节，根据导入材料和来源的不同，可以将导入策略划分为课堂教学资源导入、课外资源导入。中国教育技术协会曾经把教学资源分为两大类，即设计的资源和利用的资源。后来，教学资源的界定有所修改，主要包括教学材料、教学环境及教学支持系统。教学资源，通俗地说，是指一切可以帮助学生达成学习目标的物化了的显性的或隐性的、可以为学生的学习服务的教学组成要素。

语文课程资源包括课堂教学资源和课外资源，如教科书、教学挂图、工具书、其他图书；电影、电视、广播、网络；报告会、演讲会、辩论会、研讨会、戏剧表演；图书馆、博物馆、纪念馆、展览馆；布告栏、报廊、各种标牌广告等。下面笔者将介绍关于导入资源要素的分类，以及资源要素在教学中运用的注意事项，进而提出对高中语文教学导入的启示。

1.导入资源要素的分类

课程标准中明确提出要增强资源的开发意识，充分利用已有的教学资源，开发可以利用的教学资源。

（1）课堂教学资源导入

课堂教学资源导入主要指的是利用课堂内学生熟知的资源导入教学内容。从上文可知，课堂教学资源包括教科书、挂图、工具书等。课堂教学资源主要是教科书，它是专家根据一定的逻辑思维与心理顺序编排，具有强烈的逻辑系统与知识系统，是课堂活动的主要依据。

教师在使用教材时，需结合学情，以及课程标准中的要求，采取适宜的教学方法。课程标准是教育部针对中国学生制定的，为教师教学设定了清晰的教学目标。自从教育部实行了教材多样化，课程标准更是变成了各版本教材编订的标尺。在课程标准当中，高中生应发展以下五方面的能力：积累整合、感受鉴赏、思考领悟、应用拓展、发现创新。由此可见，课堂教学是教师对教科书的二次咀嚼与吸收。教师需加强教材研读能力，提高资源使用效率。

课堂教学资源导入具有极强的优势，其一，从学生的角度来看，课堂教学资源都是学校统一配置的，学生比较熟悉，运用起来更能贴近学生，方便快捷；其二，从教学内容来看，课堂教学资源的选择都经过专家审核，具有权威性；其三，从教师的角度来看，教师多次使用教材，对教材内容更加熟悉，更易于找到适合学生学习的教学方式。

课堂教学资源导入也有明显的缺陷，第一，对课堂教学资源的挖掘不够深入。教师仅仅教授知识点，教学内容浅显、苍白、没有感染力。第二，对课堂教学资源使用不充分。许多教师只注重教材的使用，对于教室环境、教室挂图等其他课内教学资源的使用率较低。第三，课堂教学资源毕竟有限，专家在编订教科书时，把它当作一种了解中华文化、学习知识技能的范本，而不是学生学习的全部内容。课堂教学资源的有限性不利于开阔学生的视野，也不利于打开学生的思维。

（2）课外资源导入

课外资源导入是指利用课外资源进行导入的教学活动。课内资源的有限性，决定了语文学习过程中课外资源的重要性。调查和观察显示，"导入"教学具有单一化、模式化的弊端。解决这类弊端不仅要从课内教学资源入手，还需要课外资源的延伸，丰富语文课堂教学内容，运用多种教学方式。课外资源多种多样，主要可以分为两大类，即传统教学资源、多媒体教学资源。

一是传统教学资源。教师应该主要引导学生掌握读书的方法，养成爱读书的习惯。传统教学资源导入优势主要有两点，第一，具有文学性与民族性。传统教学资源中有一部分资源是文学经典作品，这类作品更能展现一个民族的文化和智慧。另外，传统资源中有属于我国民族文化所特有的文化形式，如对联、古诗等。第二，具有普遍性与通用性。经典在大众传播中认可度较高，有利于学生学习。另外，可读性强，思想深邃的经典作品，更能引导学生思考。

二是多媒体教学资源。20世纪30年代，多媒体开始进入教育领域，成为一种连接教师和学生的课堂教学活动的教育中介系统。到20世纪90年代，进入了信息化教育时代，人们开始探索多媒体和教育的关系。人们对多媒体的利用打破了传统教育的局限性，并且创造性地提出了新的教育模式。至此，媒体资源在教育资源中的地位也变得越来越重要。相对于传统资源，多媒体资源给教育带来了诸多变化。多媒体资源本身具有全球化、网络化等特征，为教育提供了更多资源。科技发展为多媒体教学提供了技术支持，同时网络教育发展迅速，规模逐渐扩大，拥有强大的市场。在此形式下，教师需要充分认识到多媒体教学的优点。其最大的优点在于开放性，即资源共享，有利于扩大语文课堂教学信息来源；使用迅速、便捷。通过网络，无论何时何地，人们都可以找到想要的资料。此外，多媒体资源在教学中运用形式活泼，更能博得学生的欢心。

2.导入资源要素的运用

生活在信息爆炸的时代，学会对信息资源的处理十分必要。搜集信息、筛选信息、辨析信息是高中生所要掌握的重要能力。在众多导入资源中，课堂教学资源主要使用的是教科书。而课外资源中，主要是来自互联网的信息以及传统的经典书籍。为了能够更好地发挥教学作用，教师需要对教材进行整合处理。整合的优点众多，最主要的体现在以下两个方面：

首先，整合使教材能够重复利用，并使有限资源发挥无限价值。例如，在"写人记事"的作文教学中，教师可以把语文课本中出现的"写人记事"的文章整合在一起，作为范文，来教学生学习"写人记事"的技巧。教授也可以把这些故事当作素材运用到作文写作中，这样就达到了"一文多用"的目的。其次，整合有利于培养学生的发散思维。孔子言"温故而知新"，通过对旧知识的回顾来学习新的知识，不仅使学生更容易接受，而且使学生学会从不同的角度来思考问题。

其次是对比，对比是通过对两种有某种共同性质的事物进行比较，同中求异，学会迁移，灵活运用知识。相对于"整合"这种方式而言，"对比"的张力更大。"对比"的好处是使学生对于平淡无奇的课文产生强烈的好奇心，其也是继"整合"方法之后，能够让有限教材发挥无限潜能的方法之一。更重要的是，它符合学生的心理发展规律，有利于培养学生的观察能力和创新能力。在"导入"环节的教学中，经常从以下两个角度进行对比。

第一，不同观点对比。文学来源于生活却高于生活。文学作品为了追求艺术性效果，往往对人物或事件进行虚构，所以文学与现实之间存在差异性。这种差异性是一把双刃剑，其好处在于能够对学生的认知产生巨大的冲击，从而明白文学创作的美感与现实之间的差距；弊端在于使学生对某事物有一种先入为主的主观印象，不利于新观点的接受。因此，教师在教授过程中，必须明确指出两者之间的差异，教会学生用辩证的眼光看待问题。

第二，不同风格对比。风格是指一定的话语秩序所形成的文本体式，它折射出作家、批评家独特的精神结构、体验方式、思维方式和其他社会历史、文化精神。作品风格是作家风格的具体表现。学生通过学习具体作品感受不同作家风格，或者同一作家在不同时期的风格。通过对比的方式使得学生学会对作品的鉴赏，提高文学作品的鉴赏能力。

3.导入资源要素对课堂实践的启示

导入的资源要素，是导入教学中重要的部分，是导入的主要支撑。导入资源要素的原则也决定了导入方式的变化。

（1）介题导入

介题导入，指的就是通过介绍题目导入课文。介绍题目也并非仅仅是为了"导入"新课，更多的是通过题目来了解文章的主旨，或者是能够清晰地呈现一个知识点。这种方法的好处在于能够第一时间抓住学生的注意力，教授相关知识。同时，也显示出了教师的专业素养。

（2）作者生平导入

作者生平导入，就是教师或学生通过作者的背景来导入新课，主要是作者的生平、写作风格、经历事迹等方面。大多数教师喜欢用这种方法的原因在于，作者的生平故事可以吸引学生，有助于学生理解文章的主旨。

（3）写作背景导入

如果说作者介绍是"知人论世"，那么写作背景就表现了白居易的主张，即"文章合为时而著"。了解写作背后的故事，就更能够深刻地揭示文章所要传达的思想。

(四) 其他课外导入方式

在信息资源极大丰富的今天,教师的语文课堂教学已经不能满足于单纯的书本内容了。因为,不同的、丰富的、多样化的导入方式才能提高语文教学的有效性,并促进语文课堂有效教学系统的构建。因此,教师应该结合课外多种多样的教学资源,来提高学生语文知识导入环节的认可和接受程度。

1. 课外故事导入

课外故事导入就是以讲故事的形式来进行语文"导入"教学。讲故事是学生喜闻乐见的一种教学方式,故事的情节性和趣味性能够迅速吸引学生,帮助学生更好地理解文章。高中生对于新鲜事物都具有强烈的好奇心,教师需要抓住学生的这一心理认知,好好引导学生。因此,对于教师所选用的故事有一定的要求。

首先,所讲的故事必须具有趣味性,情节跌宕起伏。这点最为重要,也是抓住学生眼球的根本。其次,故事必须要结合教学实际的需求,具有一定的目的性,为了教学而服务,围绕教学中心,使整个教学过程具有整体性。再次,从"导入"教学"简洁性"原则来考虑,无论是教师还是学生在讲故事时,都需要简明扼要,不拖拉,一个故事最好保持在三分钟以内。最后,所选的故事要范围广、种类多。可以是中外经典;可以是乡村野史;也可以是发生在生活中的小故事。多角度来讲故事,有利于开阔学生的视野。当然,这也是对教师的一种考验。

2. 课外对联导入

对联音韵和谐、种类繁多、妙趣横生,是中国五千年文化的积淀,充分展示了中华民族的语言美。在高中语文必修一中,"奇妙的对联"实践活动要求学生了解对联的起源、形式、结构以及对联背后的文化。通过这次活动,希望能够提升学生的民族自豪感和认同感,自觉继承中华民族优秀的文化,提高语言的美感。对联形式短小,但包含信息量比较大。通过对联可以了解作家、时代背景还有作品感情。同时,对联中运用了多种修辞手法,如对偶、谐音、顶针、双关等。合理运用对联,有利于学生对知识的理解,增添学习的趣味,活跃课堂气氛。

3. 课外史实导入

史实导入就是将与课文相关的历史史实作为资料导入。实际上,史实导入和故事导入的实质都差不多,都属于讲故事的一种导入方式。之所以将史实导入单独提出是由于史实具有真实性。故事可以是虚构和编纂的,但史实是建立在真实性的基础之上的。高中生正处于发展阶段,这一阶段的孩子世界观还没有形成。所以,教师需要以辩证的方法来看待历史事件,不可盲目偏见,以身作则教会学生用辩证的观点来看待事物,有利于学生思维的发展,帮助他们看待生活中遇到的一些问题,用乐观向上的态度来面对生活。

4. 音乐导入

20世纪30年代，视听技术进入教育模式以后，音乐导入的方法就颇受教师喜爱。这种方法的适用性很强，可以当作背景音乐，使整节课都充满音乐，营造课堂氛围；可以当作调剂品，在课堂教学中使用，活跃课堂气氛；也可以当作情感体验，在结束的时候，慢慢品味。其实，在高中语文课本中有许多诗歌、名句都有配乐。

5.影视作品导入

所谓影视作品导入，就是利用网络中出现的影视作品和小短片来导入教学。如今，中国影视事业特别活跃，越来越多的文学作品被拍成影视作品。学生在生活中接触到影视作品的机会也越来越多。影视作品是一种资源，如若善加利用，会起到良好的效果，引起学生的认同感，使学生学会如何利用资源，搜集信息，而不是盲目地追求娱乐性。

影视作品导入需要注意以下四点：首先，所选影视作品一定是积极向上、充满正能量的；其次，作品必须要和教学内容息息相关；再次，教师应该注意时间，作为导入一般时间比较短，可以选择时间比较短的经典片段，或者是动画小短片；最后，值得注意的是，教师运用影视作品的根本目的是让学生能够学会赏析电影，同时能够通过电影学习相关的知识。

四、有效课堂导入环节的构建

要获得有效的语文课堂导入，离不开对语文课程标准的研读，也离不开对教育学、心理学、语言学等内容的研究，但更重要的是要以高中语文课堂导入的现状为出发点，对其进行调查和分析，找准问题所在。为了更加全面准确地了解现状，同时也为了更明确地体现出当前高中语文课堂导入环节存在的问题。接下来，笔者将从语文教师的课堂教学实践来分析高中语文课堂导入现状，希望借此来分析目前语文教学导入过程中存在的问题，并加以改进和提高，以期提高语文导入环节的教学效果，并完善高中语文有效教学系统的构建。

（一）教学导入现状分析

第一，课堂导入的实际运用很普遍，甚至必不可少；第二，高中语文课堂导入的效果被低估或忽视；第三，导入方式、设计理念有待提升；第四，学生的主体体验、感知被忽视；第五，预设性强，缺乏生成性。同时，不论是普通语文教师还是语文名师，对导入环节的设疑式、多媒体导入、激趣型导入、运用问题导入四种导入类型的选用都有相当比例。笔者通过详细对比发现，普通语文教师更常采用激趣型导入，其次则是设疑型导入，借助多媒体技术，运用问题引导的方式最大限度地引起学生的学习兴趣，而渲染型导入运用率相对较低。与之相较，语文名师的导入中渲染型导入却具有极大比例，其次则是设疑型导入，具体方式上则更加注重言语导入和问题导入，对多媒体技术的应用明显低于普通语文教师。

综合而言，语文名师在课堂导入中不仅仅追求教学的趣味性，更加注重对学生思维的启发，更加关注学生的情感体验，体现出对学生主体地位的重视，同时也更加注重教学语言的运用，体现出其专业素质的优势，更体现出有效语文教学理论的发展观、学习观、教师观。

1.教师对于导入环节不够重视

在实际的教学教研中，相当一部分教师较少使用和关注语文课堂导入，或者只是在公开课上使用、关注。同时，有一部分教师的语文课堂导入的设计中还存在省时省力的倾向，只图引发兴趣这样浅层的考虑，而较少考虑导入的有效性，几乎不考虑导入是否优质，更不会对导入语进行反思总结。

2.导入环节缺乏情感、情境

优质教学理论的学习观强调学生主体对学习过程的体验，认为营造与日常生活类似的学习情境有助于激发学生的学习热情，从而以主动、自发的心理进行学习。部分教师有重视情境营造的觉悟，只是在实际操作中尚欠"火候"，语言较为单薄，没有将"情感"渲染到位，或者在"情境"营造中只是过程性的呈现，忽略了体验的唤起，降低了导入的效果。

（二）有效的语文课堂导入设计

有效语文教学系统教学理论强调学生的整体发展，侧重具有丰富生活经验的，具有开放性和全局性的，具有学生思维过程的知识观念，提倡开放、积极，具有创造性和实践性的学习观念。教师的角色由知识的传授者向教学的促进者转化。有效教学的核心是学生的优质发展，由此对课堂导入也提出了更高的要求。教师要尽量追求课堂上各个环节的"有效"。一堂课的导入是教学过程中的首要环节，应受到教师的重视。

1.有效导入的基本原则

当前的课堂导入，大部分是有意识或无意识地围绕有效教学进行设计。笔者认为，语文教学过程中的有效导入应遵循以下五个原则：

一是导向教学。导入，是为了在学生和新的教学内容间产生有形或无形的联系，从而顺利地进入课堂教学，促进整个教学的推进，这是其最根本的目的。所以，在导入设计上，必须要考虑其与教学的相适应性，不能仅仅为了追求内容的趣味性、形式的多样性或环节的完整性等而忽略其最根本的目的。本末倒置，为了导入而导入，结果必定适得其反。有效导入则要求立足学情，围绕教学内容有针对性地进行导入，即导入的方式、选材、时间长短等都要根据学生的情况和教学的具体内容灵活展开。总之，导入的一切内容和环节都应当紧扣教学目标，为教学服务。

二是导向生活。有效教学理论的知识观强调日常生活经验、直接经验的价值，提倡"回归生活世界""课程即生活"。所以，语文教学既要注重对课堂内书本间接经验的学习，又要注重对日常生活经验和直接经验的体验学习。因此，在有效导入中要注重与日常生活经验的结合，既能丰富学生的知识，又提高了生活的质量，使得课堂与学生生活成为一个联系的整体，教师的教学引导学生在生活中潜移默化地学习。所以，在语文课堂有效导入的实践中，教师应适时结合学生的日常生活经验和个人直接经验，借助学生对日常生活的主体体验来更好地导出教学内容。

三是导向兴趣。有效学习理论主张学生学习的自主与自觉性。这就要求学生有非常大的学习兴趣。"兴趣是最好的老师"，所以教师在课堂教学中要注重趣味性，以便引起学生的关注。导入作为课堂的初始环节，更应该注重趣味性，将学生的兴趣在课堂伊始牢牢地抓住。所以，在语文教学的有效导入课堂实践中，教师应对学生的兴趣加以关注，结合学生的特点，选择适宜的材料，用以吸引学生的注意，在导入的方式上，应结合教学内容适当地变化，运用导入策略，实现多种方式灵活运用。

四是导向能力。有效教学理论注重三维目标整合的整体发展观，着眼终身发展，面向未来的、可持续的发展，强调发展的后劲和潜力，所以学习的能力显得尤为重要。语文学习的一个重要途径就是在语文的学习课堂上。因而语文教学还担负着为学生终身的学习奠基的使命，发展学生的终身学习力是语文有效教学的核心，它要求语文教师在课堂上尽快实现从基础教学的完成到有效教学的转变。

学生在学校的学习时间是有限的，那么在这个有限的时间内，教师就要致力于发展学生独立自主的学习能力。在语文课堂导入过程中，教师不仅仅只是引出当堂课的教学内容，更要注重对学生自主学习能力的培养，让学生知其然并且知其所以然，获得属于自己的学习方法。

五是导向体验。语文学科承载着东西方的文化知识，它既包含了中华民族五千多年来劳动人民的思想、智慧，还蕴含着世界各个民族的劳动人民对世界的感悟与总结。这些都是人类的宝贵财富，是人类努力奋斗、创造美好生活的源源不断的动力。我们要不断地传承并发展这些珍贵的财富。那么这就需要我们不断在真实体验中去感受。有效教学理论不仅主张内在主动性与生成性的发展，还强调要侧重学生的体验式学习，因此有效的课堂导入就是要引导学生不断地深入文本，形成深刻的自我体验，在体验的过程中陶冶情操，得到相应的启发，形成自己的独特体验。

2.有效导入的具体要求

（1）激发学习兴趣。兴趣是最好的老师，浓厚的兴趣可以激发学生学习的内在积极主动性，在这样的学习状态下学生的学习效果会更好。因此，教师在导入中就要增加学生感兴趣的内容，最快速地抓住学生的注意力，使他们更好地投入课堂教学中。相比较于大多数教师的兴趣导入止于导入的缺陷，优质的导入环节要求教师能够将学生的学习兴趣延伸到整个课堂中去，最大限度地使学生整节课都处于好的学习状态。

（2）引发认知冲突。矛盾是推动事物发展变化的根本动力，所以矛盾也可以促进学生的积极学习。学生在学习新知识前，心理上应该处于一种平衡状态。而当新知识与旧知识内容或结构出现矛盾冲突时，原有的平衡心理将会被打破，认知的冲突也随之产生，学生的心里就会失去平衡。学生为了恢复原有的心理平衡状态，就会发自内心地产生解决问题的需要，而学习则是重建心理平衡的最佳途径。

在学习过程中，认知冲突的产生可以分为主动和被动两种情形。当这种冲突如上文所言，是学生发自内心自动生成的，那么学生的失衡感就会非常强烈，会促使学生想尽各种方法缓解自己内心的这种失衡感，再次回到平衡状态。而在这种寻求平衡的过程中，学生得到学习能力的提升。反之，如果是在外力作用下才产生的心理失衡，学生就会处在一种被驱使、强迫的消极心理状态中，学习兴趣低下，甚至产生厌学情绪。在语文名师的课堂导入中会注意避免学生被动失衡的消极状态，想方设法去引发学生主动的认知冲突，并对其合理充分地利用，从而激发、维持学生的求知欲。

（3）唤起阅读等待。"任何一位读者在阅读作品之前，都处在一种先在理解或者先在知识的状态，没有这种先在理解或者先在知识，任何新事物都不可能为经验所接受。这种先在理解就是期待视野。"这种阅读期待，对于学习动机的激发，促使学生带着兴趣、忘我地投入学习中去极为有效。

在语文教学过程中，不能奢望学生在学习之初就产生强烈的学习动机，而应该是一个循序渐进的过程，在课堂教学活动中逐步地去培养、激发内在动机。在实际的教学工作中，也不可能完全凭借学生的内在动机来进行学习，完全忽视教师或外部环境的强化作用。因此，在语文课堂有效导入的实践中，应该把学生的内在动机与外在力量结合起来，以促进学生内在学习动机的培养和发展。而阅读期待的激发则要通过外在力量来唤起，再由内在动机来推动他们的学习。而施加这个外在力量的最佳时机便是导入阶段。四是重视课堂造境。学生学习语文不仅仅局限于课堂之内，在课堂之外的生活也是语文学习的一条重要途径，他们之间既互相影响又互相补充。课堂中的情境教学法可以最大限度地弥补课堂上言语情境被弱化的缺陷。情境教学就是教师依据教学内容、目标、重难点让学生处于类似真实的场景里，使其中的教育因素对学生产生相应的影响。其优点在于可以让学生在潜移默化中受到相应的教育。有效的语文课堂导入不仅是教学内容的引入，也是师生思想沟通、情感共鸣的过程。重视学生的情感体验，教师在导入中要饱含深情，还应该态度积极。否则，再华丽精美的语言也无法调动起激情、感染学生的心灵。

（4）着眼于学生的未来。好的教育能够撑起学生幸福的未来，这是教育工作者坚守的信念。对于人类社会来说，教育带给人们的不单单是本能地生存和生命，更重要的是一个人不断发展的未来、为社会所能带来的价值，以及对自由和美好生活的期待与追求。简而言之，高中语文课堂教学的立足点不单是为了学生当前的兴趣和启发，更是为了学生未来的成长和发展。所以，有效的语文课堂教学导入语也应该引导学生超越现实，放眼未来，体现出对生命价值和存在意义的根本关怀。

综上，一堂课中要落实学生的主体地位，不是光靠课堂教学过程中的某几个精心设计的"出彩"环节就行，而是从课堂的导入环节起就要重视。这些有效地导入环节设计各有各的特点，有的是以文本的内容为中心与学生进行真挚的对话交流，让学生说出自己心之所想，使师生之间的交流更加深入与充分；有的直接让学生说出自己关于文本的观点，激励学生勇于发表自己的观点；有的激励学生使用各种各样的方法解决学习中的问题，从而完成课堂任务。这些方式多样的导入为学生快速进入教学内容提供了最有效的途径，也最大程度上尊重了学生在教学过程中的主体地位。一个优质高效的课堂导入必须建立在教师对一堂课的内容、教学目标、教学重点都非常明确的基础之上。在这个前提下再选择相应的导入角度，确定合适的导入方法。语文教学名师王荣生教师认为，在新一轮的语文教学改革中对教学内容有了更大的要求，语文教学内容要源于教材又要高于教材，教师不能像过去一样将教材直接用作教学内容。教师要对教材进行重组，增加内容，对课内外的内容进行拓展延伸。在新课程的理念中教学内容不再是一成不变的，已经成为一个动态的发展体系。那么，在语文教学课堂上优质导入的实践中，也应当使这个动态的体系更加完善。因此，教师要明确地掌握一堂课的教学内容，深入了解其不断发展的体系，才有找到合适的导入角度、有效的导入方法的可能性，为课堂中其他环节的顺利开展铺好道路。

第五章 高中语文教学的课前规划

第一节 语文教学课前筹备

一、教学筹备现状

语文教师在备课方面的困惑主要集中在三个方面：首先是在教学筹备过程中，语文教师不知如何选择最适合本班学生的教学方案，缺少对学生的了解。这种情况的出现主要是由于高中的课业较为紧张，教师除了课堂上的授课过程，很少有时间与学生相处，课下的时间又被其他工作占满，主动对学生进行了解的时间比较少。

其次是在教学筹备时想把课堂交给学生，却又怕上课时学生偏离自己设计的轨道，因此教师在上课时紧紧围绕备课内容，课堂缺乏生气。还有一部分教师由于缺乏课堂实践经验，对于课堂内容的控制力太强，影响学生的自由发挥，容易形成专制的课堂，进而使学生丧失学习兴趣。

最后是在教学筹备时过度依赖集体备课成果、教参和现成的教案，课堂千篇一律，难以形成自己的教学风格。就目前而言，高中语文教学过程中的教学筹备阶段存在的问题主要有以下三点：

（一）不重视教学筹备

教师在教学筹备过程中，对于这一工作不够重视的情况主要表现在三个方面：首先，虽然绝大部分语文教师都会在课前备课，可是大多都是应学校的要求，备课流于形式，没有认真准备，也没有从根本上认识到备课的重要性。

教学筹备是语文教学的第一环节，备课充分，课上的教学才能游刃有余、得心应手；如果教师的教学筹备工作准备得不充分，教师即使从教多年也无法得到教学质量的提升，学生也不能很好的发展。这都是语文教师在教学筹备过程中存在的态度问题，也是缺乏对教学筹备重要性认识的表现。教学筹备的直接目的是为了课堂教学，长远目标是为了提高教师自身的教学水平以及促进学生的发展。

（二）对学情缺乏了解

不同的班级中，学生的整体水平差别较大，这就要求教师在进行教学筹备时充分考虑学生的学习水平，不宜设置过难的教学问题。同时，由于在授课过程中，有部分学生缺乏对课本文章相应的历史背景的了解，不能深刻体会到历史的大环境，这时如果教师依然按照普通课文进行宣讲，那么学生很有可能在懵懂的情况下丧失对这堂语文课的学习兴趣。

同时，教师在教学筹备过程中，对于问题的设置也应该难度适中，保证学生在教师的引导下可以顺利解答问题。如果教师在教学筹备过程中设计的问题过难，就会造成在课堂上没有多少学生踊跃地回答问题，整个语文课堂将呈现"大多的时候都是教师念答案、学生进行记录"的教学状况。

（三）忽视教学筹备的反思

语文教师缺乏从教经验，对于备课工作的各个环节没有全面的把握，很容易太过关注自己的课堂工作，反而忽略了对备课反思的关注。

教师在讲课之后没有对自己的内容进行反思，只是按照自己所备的内容进行讲授，不能及时地调整自己所备的内容以贴近学生的实际。总之，忽视备课反思，是语文教师备课水平难以提高的重要原因。同时，由于课业压力较大，很多教师往往会忽视教学反思和再学习这一过程。其实，这种情况不仅不利于构建有效语文课堂教学系统，还会影响教师对语文教学的改进和提高。并且，还有一部分教师对于学校开展的相关专题研究、信息技术教学等语文科研工作望而却步，缺乏从事语文科研工作的认识，又随着自己进入社会的时间越长，距离语文科研这一工作越远，也不再利用课余实践进行自我提高，并与最新的教学科研成果失之交臂。

语文教师很少积极地进行语文课题研究，主要有两个原因：第一，教师进行科研是为了完成任务，有些甚至只是为了应付检查。在教研室的教师来听课时，便精心备课；反之，便应付工作。第二，绝大部分语文教师认为自身被繁重的工作占用过多时间，而在仅剩的时间中，只有少数语文教师选择进行科研。甚至有些语文教师担任班主任一职，语文又是主要科目，每天一天两节课或三节课，这些教师每天的备课、上课、批改作业、督查学生的课文背诵和课外古诗词的背诵等工作就占用了大量的时间，在私人时间里，语文教师会选择休息、放松，真正留下来的时间没有多少。所以,在繁重的教学工作中和少量的私人时间中,语文教师很难从事科研工作。

综上所述,造成语文教学筹备现状的原因多种多样,笔者将结合这种情况的成因进行分析,以期通过教学研究和分析,找出最为合理的改善方式,使语文教学筹备工作以最高的效率和最有效的形式进行开展。

二、教学筹备问题产生的原因分析

前文分析了目前高中语文教育过程中存在的各种教学筹备问题,接下来,笔者将针对教学筹备中存在的问题进行原因分析,并希望通过分析来找出教学筹备效率较低的症结所在。

(一)对教学筹备缺乏足够认识

语文教师对教学筹备的目的缺乏正确的认识。教学筹备的目的是为了课堂教学的有效性,语文教师是否认真备课也直接影响着课堂教学的有效性。

教师在进行教学筹备的过程中,不仅要充分认识备课对于整个语文教学有效性构建的积极意义,也需要正确认识自己的教学水平,并积极结合教学筹备来弥补自己在教学过程中存在的问题,也结合学生的学习和接收情况及时更新教学筹备内容,使学生在语文学习过程中积极投入,不断获取语文知识。

(二)缺乏丰富的教学筹备经验

教学筹备经验是教师在筹备实践中不断积累的语文教学智慧,也是教师通过了解学生的喜好和学习水平,并将其与实际教学内容相结合,才能协助语文教师筹备出高效的语文课堂。在实际工作中,有一部分教师缺乏丰富的教学筹备经验。因此,教师应该结合课本内容时常进行反思,如自己的教学目标是否明确、是否能根据学生的兴趣需要和心理特征及时调整自己的教学策略等。同时,如果教师不能以学生的视角与实际情况来设计课堂中的问题,则不能真正贴近学生的实际设计课堂提问。

(三)教师的教学态度

如何认认真真地备好每一堂课,对我们教师来说是一门很深的学问。在备课过程中,教师应尽量在指定教材内容之外添加一些近期的新闻报道、小说、故事等内容,保证学生能够尽可能多地接触到现实生活。这样能够引起学生的兴趣,会取得比较好的教学效果。教师有时以为自己做了充分的准备,但在授课过程中还是会遇到一些意想不到的问题。可见,教学筹备对一名教师的教学效果的影响巨大。

社会的不断发展对教师提出了新的要求,对教师来说既是一个机遇,又是一个挑战。所以，教师的发展意识就显得至关重要。语文教师要有大的发展成就，一定程度上依赖于积极寻找自我发展的多元化途径。随着教师专业化程度的提高，教师行业的门槛也会提高，同样也要求教师更新学科知识，不断学习新的备课理念、教学方法和教学技术，只有这样才能适应教学目标的变化和学生需求的变化。

（四）教材处理问题

在对教材的选择上，大部分学校和教师都会倾向于各种教学辅导参考书。但是，在教学中，在处理教材的整体顺序和内容时，绝大部分教师会选择适当增删课本内容，其余部分会选择完全按照课本教学或者改变课本顺序进行教学。有些人把教材凌驾于教学大纲之上，从而使教学迷失了正确的方向。语文课程的实施要以教学大纲或课程标准规定的教学目的、教学目标、教学内容和教学要求为指导，教材只是实施语文课程的手段之一。并且，不少教师为了评定职称或者其他一些非学术的原因编写教材，编写的过程通常是东拼西凑、四处节录完成。使用这样的教材，教师要不时指出其中的问题甚至是错误，有些教材更是让学生无法学习。

三、建立有效教学筹备的策略

有效的教学筹备是指在一定的教学期间投入一定的人力、物力、财力，最终形成有个性化的、有创意的、有自身特色的教学设计，就是对有效备课的定义。有效备课的关注点有以下四点：

第一，正确理解高中语文课程标准，同时理解与使用好教材，并且确定授课的内容及其目标。在教学筹备过程中，课程标准是准则，而教材内容则是整个教学筹备都需要紧紧围绕的中心。因此，教师的教学筹备不能脱离语文教材。

第二，时刻注意学生实际的、整体的学习情况，切实找准学生的学习起点。这就要求教师在教学筹备过程中"以生为本"，从学生的学习情况和学习需求出发，选取合适的教学步骤和课堂设计来完成语文教学筹备。

第三，注重教学方案的实施，密切关注教学所取得的实际效益。同时，教师还应该结合这一过程来不断完善自己的教学筹备。

第四，注重教师本身在教学过程中的优势发挥。每一位语文教师都有自己的教学特点，这些都可以在教学筹备过程中加以展示和发挥，使学生通过有效的教学筹备来欣赏自己的语文教师，并在这一过程中激发良好的语文学习积极性。本节将对教育理论进行梳理，从中总结出当前有效备课的理论基础。

（一）认知教学理论

我国学者在20世纪90年代通过将马克思主义与教育教学实践经验相结合，提出了基于马克思主义认识论的教学理论。认知教学理论肯定了教学活动主要是一种认识活动,但是这种认识又不同于一般的认识,而是一种特殊的认识。在教学领域,认知教学的重点放在了对于课堂教学的认知上,但同时并没有忽视学习结果,对于知识获得的掌握仍然是重要的教学目标,知识的内涵已经不仅仅是教学的结果,同时也是教学的过程。所以,教师在备课的过程中要充分考虑学生的认知能力,这也是教师进行备课的一个重要因素。新课改中对于备课的认识已经不仅仅停留在对学生认知的建构上,而是从更高的层次去让学生认识到课堂和课程的重要性,通过对教学本质的探索,从中获得课堂教学成果,让学生从中获取学习的价值。对高中学生来说,语文课堂教学过程往往忽视了学生不同的认知基础,通过盲目提高教学难度和广度的理念和方式,不断提升课堂教师的难度。其实,在高中语文教育教学筹备过程中,也需要认识到教育基础的重要性,在教学筹备的广度和深度上进行一定的调整。

(二)人本教学理论

在人本主义的观点中,人对于世界的认知是一种情感过程,人的观念和知识结构的获得,与人所处的环境和已经拥有的知识情感密切相关,因此需要对学生进行有效的教育。根据人本主义理论,不管是哪一个学科,在教学实践中都要兼具认知和情感两个方面,不过其侧重可以有所不同。只有这样,才能实现学生的全面发展。尤其是一些学生的行为习惯不好、基础差、学习兴趣不浓,这就要求教师在备课的过程中更要以人本主义教学理论为指导进行教学设计,充分考虑学生个体发展的需求,只有这样才能真正实现教育目的。

(三)建构教学理论

建构主义也被称为结构主义。根据建构主义发展出来的教学模式,也被称为建构教学理论。在建构教学理论中,最重要的概念是图式,图式指的是个体理解和认知世界的方式,是一个人的内在心理结构,因此学习的过程也就是建构图式的过程。图式的形成和变化是认知发展的实质,认知发展受三个过程的影响,即同化、顺化和平衡。建构教学理论认为,学习并不是由教师将知识教授给学生,而是学生通过教师的知识传授,根据自己已有的知识和经验,自行建构新的知识体系。因此,教师在备课过程中不能忽视学生的现有知识和理解水平,不能在对学生传递知识时采用简单粗暴的教学方法,而是要把学生所掌握的知识与经验当作新知识学习的起点,不断地引导学生在已经掌握的知识基础上,学会主动进行新知识的学习。同时,教师要经常聆听学生的想法与观点,主动思考这些想法从何而来,并根据这些具体情况,帮助学生逐渐拓展自己的知识面,提高思考问题的能力。建构主义理论虽然重视学生个体的自我发展,但也强调教师对学生个体的影响和产生的作用。

（四）行为教学理论

行为教学理论强调教师要引导学生对外部刺激做出正确的反应，并且教师要有能力全面评价学生的学习情况与效果，以此为依据决定进行新知识教学的时间安排。在教学过程中，教师要把学生的学习材料进行归类，使之适合学生的掌握程度，最大限度地帮助学生做出正确、恰当的反应并进行一定程度的强化，进而促使学生不断发展和成长。综上所述，行为主义教学理论主要是为一定的行为结果而进行教学的，以教师为中心的取向。因此，教师在备课的过程中要做到以下三点：

1.创设有助于信息传递、技能训练的语文教学环节

根据行为主义学习观的理论，教师要想让学生在学习阶段积累大量知识和经验，就必须提供良好的学习环境，促进教师向学生更高质量地传递知识，而且要创造出学生能够锻炼技能的环境。为实现这一设想，教师在备课过程中要对供学生使用的相关资料进行筛选把关，并且根据学生的学习情况合理安排练习的时间，同时对学生学习的整个过程进行监管。

2.提供循序渐进的教学筹划内容

学生更好地掌握复杂的行为单元的要点在于由小及大，从简单的更小的行为单元开始。教案的撰写依据便由此而来。为更便捷地获取知识和发展技能，需要将大而庞杂的问题进行分解，即进行任务分解，把教学任务细分并按照一定的顺序进行排列，如从小的任务到大的任务、由个体到整体、由简单到复杂的顺序。学生的学习是小模块、有一定程序的，需要教师进行一定的引导。

3.对语文知识进行评估

学生通过学习获取的知识只是某一学科领域的经验或是个别的知识和技能的综合，所以在检验结果时，教师应该重视对小模块、简单的成分进行精准的、细化的考查，以检测学生学习后对于知识的掌握情况。同时，教师在语文教学筹备过程中，要做到对教学内容心中有数，如哪些内容是学生容易掌握的、哪些知识是本节语文课的重难点、哪些知识可以与之前学过的文学知识进行联系等，这些都是教师在教学筹备过程中进行的知识评估，也是提高语文课堂教学有效性的重要过程。因此，教师应该注重教学筹备过程中的语文知识评估，帮助学生进行知识判断和整合，使学生的语文课堂学习过程更为顺利。

（五）情感教学理论

"教师在课堂教学尤其在备课的过程中一定要注意学生的情感体验，只有这样才能带动学生的积极性，达到良好的教学效果。"学生的精神世界由道德水平、智

力情感、审美、创造力等多种因素组成，在对学生产生影响时，单方面的只有智力教育（更不能只有学习）而造成思想品行、体育劳动等的缺失不能算是有效的教育，所以除了常规的课堂教育，还要多增加丰富的精神活动。而教师在学生"情感动力"的挖掘中扮演着关键的角色。教师对学生思维的引导要讲究艺术性，对事物有灵敏的反应和随机应变的能力，在备课过程中要随时根据情况的不同而调整教学方案，对待学生要大方地进行鼓励，发掘学生最具个性的一面。发展融洽的、有效的、亲密互动的师生关系，保护学生的自尊心、自信心以及对教师的信任感，让学生在潜意识中接受教师的引导。发现学生的另外一面，就要善于发现并鼓励保持学生身上所有美好的东西。发挥教师引导、鼓励的作用，让学生从学习的过程中寻找乐趣，掌握正确的学习方法，提高学生对学习的兴趣，进一步转化为学习的动力。这一点对高中学生来说尤其重要。

（六）目标分类教学理论

教学目标分类理论最开始起源于美国，20世纪50年代被明确提出，布卢姆是首次提出这个概念的人。他由浅入深地将教学活动的整体目标划分为三个方面，即最浅层的认知活动、实践环节的动作技能和最深层的情感。布卢姆针对设定的教学目标，提出了一系列相应的目标序列，每个目标序列又进一步细分，层层递进，最终将教学任务目标细分到可供操作的具体目标。根据西方的社会文化背景和教育方式，布卢姆将认知目标分成六个逐渐递进的层次，即识记、领会、运用、分析、综合和评价，其具体含义如下：

1. 识记

指对所学习过的包括具体事实、方法、过程、理论等资料的记忆，也可以认为是简单的记住，如记住事实的描述文字、记住方法的步骤等。

2. 领会

是在识记的基础上，结合个人的经验、学识、技能等，将所识记的东西加以理解、转化甚至是推断，并用自己的语言和方式进行表述。

3. 运用

这是将理论转化为实践的环节。将自己所领会的技术、原理、方法等运用到实际情况中，包括新的问题、新的情景，即所谓的学以致用。

4. 分析

这是理论与实践相结合基础上的进一步深化和分析的能力。

5. 综合

我们现在所说的综合可以包含很多内容，可以是发表具有独特内容的演说或文章，还可以是操作计划的拟定以及抽象关系的概括。综合是将我们所掌握的知识进行重新组合进而形成新的有关知识的整体,它要求我们具有创新能力。

6.评价

评价是一种能力,这种能力要求我们能够超越我们以前的学习认知,并综合多方面的知识,按照一定的标准进行价值判断。

(七) 发展教学理论

心理学家、教育科学博士赞可夫将自己的青春时光都花在了研究和实验"教学与发展问题"上,他先后发表了教育理论专著150余种,其中包括《教学论与生活》《和教师的谈话》等。他在提出"教学与发展问题"理论之前,通过大量的教学实验,促进了"实验教学论体系"的建立,为科学解释和确切论证教学与发展的关系做出了很大的贡献,并对建立完备的教学体系、促进学生的发展给出了独特的见解。赞可夫教学发展思想的精髓是一个班级中的成绩最好的学生到成绩最差的学生都能得到发展。这就要求教师在教学筹备的过程中要根据教学的差异性调整教学策略,因材施教,让每个学生都在自己的基础上有所提高,都获得成功的体验。只有这样,才能保持学生对学习的热情,并促进学习效率的提高。因材施教不仅是一种教学理论,更是千百年来流传下来的有效的教学方法。伟大的教育家孔老夫子主张"因材施教"和"有教无类",主要是指受教育的人没有界限,任何人都可以享受教育的权利。同时,教师应该结合学生的学习状况,具体情况具体分析,找出适合学生发展的教学方式,并在教学筹备过程中积极找出学生的兴趣点,结合兴趣点来完善教学筹备的内容,并在此基础上完成语文教学,则可以起到事半功倍的效果。

1.端正教学筹备态度

根据认知教学论、人本教学论和发展教学论的相关要求,在高中语文教学过程中,由于学生的语文学习水平不尽相同,而语文知识涵盖范围广且内容比较复杂,学生往往对课程缺乏兴趣。教师要想有效备课,必须对学生的认知能力有全面的了解,以学生为本,从学生终身发展的角度出发进行教学设计,才能达到预期的教学效果。对高中语文教师来说,教学筹备是把教材的知识和教学方法转变为自己的教学能力。教师对学生认知能力的把握,能更加有效地为课堂教学服务。然而,现在却有一部分教师认为教学筹备就是写教案,把写教案当作一种形式,专门应付领导的检查。其实,写教案只是教学筹备的最后一个环节—把钻研教材等方面的所思所得,把教学目的、要求、重点、难点、教学过程和方法以及搜集到的有关教学信息记录下来,是"备忘录"—供教师进行课前翻阅,以便把课上好。所以,教学筹备不是写好教案就行了,前提是对学生的认知能力有很好的把握。检查教学筹备效果更不能只看教案,真正的教学筹备不在于写得好不好、写得多与少，也不在于写在哪里，而在于教师是否用心准备，是否把课真正备在心里，能否根据学生的认知能力进行有效备课。

2.教学筹备目标制定策略

根据目标分类理论的要求，高中语文的教学目标并不在于学生掌握语言的理论基础，而是要基于汉语言文学的应用环境使学生在有关语文知识的应用的过程中可以得心应手。因此，教学筹备时要有明确的目标，要对课程的教学目标、教学内容、教学环节、教学方法等进行合理设计并认真践行。

（1）教学目标简明科学

在语文教学筹备过程中，教学目标的设定要简明、科学、适当、实用。教师每上一节课，首先要明确课程标准的要求，其次要弄明白这里的知识技能、过程方法、情感态度价值观是什么。同时，教师在设定教学目标时，必须结合学生的学习情况，不能好高骛远，不能选取学生无法达到的教学高度。其实，教学目标的设定是有技巧的，如果目标过高，学生会因为难以企及而丧失学习动力；如果学习目标过于浅显，学生也会因为问题不具有挑战性而丧失斗志。因此，只有当教师的教学目标结合课程标准和语文课本，并深入结合学生的学习情况和语文知识接受程度，设定学生"踮起脚尖才能够到"的、需要学生通过思考和讨论才能得出学习结论的教学目标，才是合格的教学目标，也是可以调动学生课堂积极性的教学目标。

（2）知识内容详略得当

课堂教学的时间是个常数，是有限的，学生的学习精力也是有限的，因此选择学习的内容，特别是关乎学生终身受用的"核心知识"，就显得尤为重要，这就需要教师对教材、教学内容进行深入研究，发现那些为学生真正所需要的终身有用的"核心知识"，以充分发挥教材的教学价值。也就是说，教师在教学筹备过程中，需要结合教材中知识的重要程度，详略得当地设计教材内容的讲授。

（3）简化教学环节

很多语文教师在教学筹备过程中很容易陷入一个误区，觉得教学环节越多越好，并以为教学环节越丰富教学效果就越理想。其实并不是这样，学生的接受程度是有限的，课堂上的时间也是有限的，语文的教学筹备设置的过程应该是科学的、顺畅的，是符合学生的学习需要和学习规律的，没有必要设计过多的学习环节，设置过多的障碍（问题）让学生去克服，结果只能使师生都精疲力竭，事倍功半。

因此，教师在进行语文教学筹备工作时，一定要遵循适量原则，适当安排课堂教学的内容，使学生在学习过程中不至于产生疲累感，而是紧跟教师的教学步骤，完成语文课堂知识的学习。

3.有效教学筹备设计策略

根据行为教学论的要求,教师在备课过程中要在最大程度上帮助学生做出正确、恰当的反应并进行一定程度的强化,进而促使学生不断发展和成长。简言之,就是对教学活动的设想与计划。有效教学设计要研究学生是否已经具备了学习新知识所必需的知识和技能以及相应的生活经验背景;哪些内容学生能够自己学习和掌握,不需要教师详细讲解;哪些知识是重点、难点,需要教师在课堂上点拨、引导和讲解;哪些内容会引发学生的兴趣和思维,成为课堂教学的兴奋点。只有这样,才能使语文教学预设具有针对性、生成性,才能通过教师有效的教促进学生有效的学,实现以学生的发展为本的新课程理念。教学设计要想真正地服务课堂教学,教师在教学筹备中就要注意以下六点:

（1）目标明确化

前文提到过,教学目标的设定和合理化安排是十分重要的,而教学目标是预期的学习结果,是课程目标的进一步细化,对教学过程具有指导和定向作用,并为教学评价提供标准和依据。同时,教学目标明确化也是教学筹备过程中需要注意的问题。

①教学目标注重文本分析。在最新语文教育核心理念的指导下,语文教学目标的第一个重要特点就是注重语文文本分析。教师在设计教学目标的过程中,通过对文本的深刻分析来体现高中语文课程标准中涉及的教学目标,也就是以语文学科的知识为中心的文本分析特点。

教学筹备过程中的目标主要分为三个层次:第一,知识与能力目标。理清文章结构,把握行文线索,分析文中意象。第二,过程与方法目标。通过反复朗读,理清文章层次,学习插叙手法在文中的运用,用心体会作者的思想感情。第三,情感态度与价值观目标。体会文中主人公的情感,并理解作者的创作情感与创作意图。该教学目标是严格按照"三维目标"的尺度进行设计的,从三个维度出发,对语文课文的教学目标做了详细、全面的分析,紧紧抓住了文章的形式与内容,充分利用了文本。但是,三个维度的教学目标都与课文结合得过于密切,以至于对学生的学习活动限制得过死,学生在学习过程中要完全按照文本与教师的"套路"进行活动,没有自由发挥的空间。这些都会妨碍学生发挥他们的主体性与主动性,长久下去会导致学生失去学习兴趣。因此,语文教师在设计教学目标时,应该给学生留有一定的自由发挥的空间,巧妙地将学生的生活与文本的学习和感悟有机地联系起来,这比单纯地向学生讲述课文内容更具有教育意义。

②目标设定重视学情。如果在语文教育过程中,教师的语文教学目标的落脚点是语文学科知识而不是学生,那就会导致教师片面强调语文学科知识的灌输,而对学情的分析不够充分。因此,这对学生理解与掌握学习内容造成了一定的阻

碍。也就是说，教学筹备的最终目的是提高学生的学习效果，那么教学目标的设定就必须以学生的需求作为出发点，积极结合学生的学习情况，从学情出发，进而完成目标的设定。

同时，教学筹备的目标设定首先要有明确的知识目标，也就是一堂语文课需要掌握的语文基础知识都有哪些，教师必须在教学过程中对这部分内容了然于心，知道何时应该重点把控这部分知识，并通过教学环节加深学生对于目标知识的掌握。比如，在学习文言文时，首先应该了解整篇文章的主题和主旨，然后从文言虚词的积累、通假字的总结等角度进行基础知识的巩固。在这一教学筹备过程中，教师必须清楚学生的知识积累情况，了解班级整体的学情，才能合理安排基础知识的课堂开展。并且，学情中包括四个方面的能力目标：第一，把握文章的主要内容和作者情感；第二，理清文章的整体思路，学习本文的说明结构和说明顺序；第三，体会文本的语言特点，如简洁、生动、严密、有条理等；第四，能运用所学的说明方法介绍一件事物。最后，学情还包括情感态度和价值观目标，即通过文章的学习，认识到创作者表达的情感，并了解人类历史上的卓越成就，增强民族自豪感。

教师对于学情的考虑不够充分，更有甚者直接忽略了学情的分析，这对发挥学生的主动性与提高语文课堂的生成性和灵活性都是不利的。因此，语文教师在进行课堂教学筹备的目标设定时，一定要从学情出发，将课堂内容与学生情况密切结合，以便设计出符合学生学习的语文课堂 教案。

③杜绝模式化。为了传授语文学科知识，语文教学在实践过程中逐渐出现了"类化"的现象。"三维目标"教育教学理念对于语文教学目标的设计限制过死、要求过于具体，从而使文本分析与教学趋于"类化"，使语文教学目标趋于模式化，从而破坏了文本的特殊性。

从知识与能力的角度来看，主要包括两个方面：第一，整体把握本文的思想内容，体会文章语言特点，品读课文；第二，注重训练学生的口头表达能力，培养学生的探究能力和创造性思维能力。从过程与方法的角度看，主要包括联系现实，运用自主、合作、探究的学习方式，提高语文学习能力。从情感态度与价值观的角度看，主要包括感悟课文主人公的可贵精神品质，激发学生的情感认同。同时，教学目标模式化还会导致教学筹备的特殊性的缺乏。其中，"情感态度与价值观"这一维度的教学目标与文本结合较为密切，但是"知识与能力"和"过程与方法"这两个维度的教学目标略显空泛，因其缺乏独特性而造成适用于这一类文章的教学给人一种"放之四海而皆准"的感觉。如果拓展开来看，这样的模式化还体现在许多方面。比如，高中阶段语文教材中的许多课文都会出现比喻、拟人等修辞，许多语文教师都会把这作为一个教学目标，在教学过程中反复强调，而不会因为学情、学段及文本的不同而进行有选择性的取舍。语文教学目标的模式化忽略了作为教学主体的学生的真实需要，单一地重复学习某些知识，这样做不仅浪费了很多时间和精力，而且收效甚微。

（2）知识呈现情境化

知识需要融入情境之中，才能显示出生机活力，才能被学生理解和掌握。因此，在教学筹备过程中，如何能提高课堂教学效率、使学生充分融入语文课堂中，就是每一位语文教师需要思考的问题。

语文教师在教学过程中，既可以通过多样化的多媒体手段来创设"情境"，让学生有身临其境之感，也可以在师生的交流过程中产生思维的碰撞。前者是通过某种介质创设的"情境"，后者则是看不见也摸不着的，是无形的"情境"。苏格拉底曾说过："没有一种方式比师生之间的对话更能提高沟通能力，更能启发思维技能。"笔者认为，后者对教师和课堂提出了更高的要求。

情境建构包括两个方面的含义：一是情境的设计所遵循的原则和方式，可以用系统方法进行分析；二是情境定型后所呈现出来的姿态和效果，可以用接受美学原理进行分析。

在语文教学过程中，使用情境来展现语文知识是十分有利于学生进行知识理解和接受的。创设情境应从两个方面着手：一是从学生"理解"这个方面去创设；二是从学生"感悟"这个方面去创设。从"理解"入手创设情境，着重在于创设"问题情境"和"推理情境"。"问题情境"的创设要从三个方面考虑，即提供智力背景、引发学生的探究精神、切中"愤悱"之机。"推理情境"的创设要分清演绎情境、归纳情境和类比情境，三种不同的推理方式各有特点，要根据教学实际情况创设不同特点的推理情境。从"感悟"入手创设情境，着重在于"直观情境""想象情境"和"生活情境"创设。"直观情境"的创设要通过实物直观或物象直观来增强课堂的生动性和感染力；"想象情境"的创设要通过有感情的诵读体悟、生动的教学语言或填补空白的方式来激发学生的想象力；"生活情境"的创设可以通过改造课堂的现有场景、联系师生的生活实际或借助媒体模拟真实生活的方式来使学生产生共鸣。

①情境的主动性。情境建构具有主动性，需要学生在教师的帮助下主动完成。教师只负责提供一个教学情境或者帮助学生创设一个情境。并且，"在建构主义者看来，个体总是以原有的经验和认知结构来建构新的信息，而非简单的被动接收新信息在个体有选择地加工和处理或编码之后获得的意义，因为外部信息本身乃是无意义的"。在戏剧文本的教学中，比如创设问题导入情境，教师提出与戏剧文本内容相关的值得思考的问题，让学生带着这个问题进入文本的学习。再如，创建舞台表演，教师只为学生提供必要的帮助，最主要还是依靠学生自己组织排练、

表演等，在这个过程中体会矛盾冲突和人物情感。也就是说，学生是情境建构的主要参与者和执行者，学生主动创设情境，主动融入情境，主动去获取知识、进行思考。所以说，情境建构具有主动性。

②情境的生成性。情境建构具有生成性，包括生成情境和生成意义。情境为新知识的学习提供了模拟的环境，使新知识处于一种"联系"的意义之中。情境激发了学生探究的热情，有利于教学主题的意义生成，进行自我主动建构。情境是由教师直接提供或者由师生共同创设的，之后就需要学生主动融入情境，并使自己原有的知识系统与情境建立联系。学生与情境互动起来，情境建构才是完整的和有效的。学生与创设的情境发生互动之后，学生的知识系统得到了新知识的充实并重新组织，学生的情感得到陶冶、态度得到纠正，这就是知识建构的过程，也是知识生成的过程。但是，情境是预设的而不是自然就有的，是具有弹性的而不是一成不变的，所以情境会随着学生反应的不同而随时发生变化。

也就是说，情境作为重要的语文教学手段，是目前语文教学过程中运用十分广泛的教学筹备手段，也是提高学生课堂学习兴趣的重要方法。所以说，教师应该将这种教学手段积极引用到课堂中，并在教学筹备阶段准备丰富的学习资源以供课堂使用。同时，这种方式还可以改善学生对于语文学习的刻板印象。很多学生经过多年的语文学习，总觉得语文知识有些枯燥，语文课堂教学更是乏善可陈。其实，语文文学是博大精深的，而语文课堂也可以是丰富多彩的，一切都需要从教学筹备开始改变，而有效课堂的系统构建也正是依靠教学筹备展开的。

（3）学习方式多样化

有效教学设计改变了原有单一的、被动的学习方式，倡导发挥学生主体性的、多样化的学习方式，促进学生在教师的指导下主动地、富有个性地学习，突显学习过程中的发现、探究等认识活动，使学习过程更多地成为学生发现问题、提出问题、分析问题和解决问题的过程。

自主学习、合作学习、探究学习等都是学生目前常用的学习方式，也是实施新课程最为关键的环节。教师在学生自主学习、合作学习和探究中要充分调动学生的积极性，由原来的管理者、控制者、教员变为诊断者、培训者、教练、协调员，甚至是参与者。师生在相互支持、相互配合的良好气氛中都能得到愉悦的情感体验，从而获得更大的动力去达到更高的目标。

（4）课堂组织形式多样化

教学设计的程序化、公式化、单一化最容易导致学生产生厌学情绪。所以，优化教学设计应注意超凡脱俗，使教学方法多样化，从而使学生在每节课都能感受到新鲜感。多样的教学方法整体设计应有戏剧性，教学方法设计要有多样性，加强人文化与幽默感，尽可能多地开展学习竞赛。

(5) 图式展现课堂小结

在建构教学理论中，最重要的概念是图式，图式指的是个体理解和认知世界的方式，是一个人的内在心理结构，因此学习的过程也就是建构图式的过程。课堂小结的作用不言而喻，方法灵活多样。但课堂小结毕竟已接近课堂教学的尾声，有些学生把它当成下课前的序曲，注意力开始分散。因此，课堂小结要组织学生共同参与，要围绕学习目标，用"关系图"来构建语文知识体系、学习的重难点，引起学生的注意。使课堂小结具有归纳引导、简洁明了、形象直观的特点，发挥画龙点睛、强化目标的作用。

近些年，很多理科科目都开始使用思维导图进行知识梳理，效果十分明显。其实，对语文教学而言，用图式进行课堂小结可以让学生以更为直观的形式认识课堂教学的知识内容，还可以帮助学生进行知识梳理。但是，需要注意的是，图式内容主要以知识框架为主，其中的细节还需要学生通过学习来自行填充。同时，针对难度较大的文言文学习，教师依然可以选择图式的方式来梳理整篇文章，这样不仅有利于学生理解文言文，还有利于学生对于文章的记忆和熟练掌握。

(6) 重视学生的参与、体验和探究

以往的教学是教师讲、学生听的"灌输式"教学，而新课程以学生的自主合作、探究为主要方式，把学习的主动权交给学生，鼓励学生积极参与教学活动。那么，教师就应在教学中创设丰富多彩的活动情境，让学生亲身实践、大胆探索。

四、有效教学筹备的意义

精心的教学筹备是教师创造性地实施课堂教学和提高课堂教学质量的重要保证。新课程改革中，要求学生合作学习的同时，更要求教师在独立完成各项任务的前提下进行合作探究，以便发挥整体的最大优势，从而全面地提高教学质量。

（一）提升语文教师的教学筹备水平

语文不仅仅是让学生学会课本知识、课外阅读知识，而且语文这门课程的外延很广泛，可以说学生在日常生活中随处可见的都是语文知识。但是，为了让学生学到更多的知识，为了更好地完成语文课程的任务，最要紧的就是提升语文教师自身的教学筹备水平，不论教师是否具备丰富的教学实践经验，备课方面都需要多下功夫。精心备课，语文教师可以更好地控制课堂，完成教学任务，提高教学质量。反之，教学效果是可以想象的，既浪费教师的时间，又浪费学生的时间，是失败的课堂。因此，教师想要取得良好的教学效果，必须重视教学的第一步，即教学筹备。语文教师应该认真分析当下的备课现状，找出教学筹备现状中存在的问题，认真归结成因，以期在分析成因的基础上有的放矢地提高自身的备课水平。

也就是说，有效的教学筹备首先可以端正教师的教学态度，保证教师在教学过程中积极、认真地对待每一项教学任务，并着力通过教学筹备来提高自己的教学质量和水平。同时，教师还可以通过教学筹备的不断尝试和改进来提高语文课堂的教学水平，并增加学生的课堂参与。并且，有效的教学筹备可以增加教师对于自己授课的自信心，给教师的课堂授课吃下一颗定心丸。因为，语文教学过程看似简单，实则蕴含着丰富的知识与文学素养培养，同时文学作品谈古论今，往往涉猎范围十分广泛。如果教师可以在课前进行有效的教学筹备，就可以适当扩充语文课堂教学内容，并能够从容应对、积极解答学生的各种提问。

（二）提升教学效果，构建有效课堂

对于上课的内容烂熟于心，教师可以给予学生更好地引导。如果教师都不熟悉自己准备的备课内容，讲课的时候内容混淆，前言不搭后语，学生听得云里雾里，不仅学生学不到知识，更有甚者会阻碍学生的发展。

教学筹备既要备在眼里、备在心中，又要备在口中、备在手上，它是教师创造性劳动的一个重要组成部分。虽说教学筹备是艰苦的劳动过程，但其中也充满着艺术乐趣。当你在这项劳动中真正付出心血、流出汗水时，就会得到收益、获得成功、感到欣慰、乐趣无穷。

每讲完一节课，教师就要进行回顾、反思，做好小结。反思是备课和教案的重要组成部分，因它是在课堂教学实施之后进行，故称"课后备课"，即通过教学反思对课前备课与课上实践进行总结经验，吸取教训，调整修改，充实提高，通过"备课—上课—再备课—再上课"这一过程，循环往复，螺旋上升。写教学反思实际上是对自己的备课及教学方案实施情况的总结。目前大部分语文教师先进的教育理念还未真正转化为自觉的教学行为，问答式、讲练式、低层次的讨论式仍是大多数教师首选的模式。教师要做到学用结合，注意与自己的教研实际紧密结合，随时撰写真实感悟和学习体会。教学永远是一种遗憾的艺术，而有效的教学反思是弥补遗憾的最好的方式。教学反思需要教师注意以下五点：

1. 成功点

主要是指课堂教学中的闪光点，如课堂上一个恰当的比喻、教学难点的顺利突破、引人入胜的教学方法等；又如，一些难忘的教学艺术镜头、新颖精彩的导语、成功的临场发挥、扭转僵局的策略措施、媒体的合理使用等。

2. 失败点

主要是指课堂教学中的不成功之处，如教学目标定位不准造成的"吃不了"或"吃不饱"的现象；教学引导的力度把握不适造成的"一问三不知"的僵局；

教学方法选择不当造成的低效等。

3.遗漏点

主要是指课堂教学设计中遗漏的一些环节或知识点，如教学衔接必需的知识点、帮助学生理解课文的背景材料、拓展延伸的内容等。

4.补救点

主要是指课堂教学中教师讲解知识的谬误之处和学生反馈的差错处，如教师指导不到位，学生作业中出现的有代表性的错误、特殊的错误和普遍存在的问题等。

5.改进点

主要是指课堂教学中经过微调可以追求更高效益的地方，如更合理地分配讲与练的时间、更恰当地选择例题、更完美的板书设计、更科学的媒体选用等。

综上所述，教学筹备并不是孤立的教学准备过程，而是一个系统、严谨的准备过程。同时，也是教师将课本知识、教学手段、教学设备、学生学情、教学反思相结合的有机整体。可以说，教学筹备过程中的任何一个环节的缺少和遗漏都将造成整个后续教学过程的失败。因此，教师应该重视教学筹备，并积极准备筹备工作，为有效语文课堂的构建提供巨大能量。

第二节　语文教学课前预习

课前预习是一种学生自主进行先学的学习方式，学生长期在文本预习中独自发现问题、分析问题、解决问题的尝试，可以有效增强学生的自主、合作、探究意识以及有效提升学生的逻辑思维能力。与此同时，伴随新一轮课程改革提出语文教学要努力探寻"自主、合作、探究"的学习方式，使课前预习这一较为先进的学习方式在一定程度上更加鲜明地体现了高中语文课程标准的诉求，从而使课前预习这种学习方式也逐渐提上议事日程，促使语文教育专家、学者、一线语文教师都相继涌入探寻课前预习优化方式的行列中，也取得了丰硕的成果。

一、有效预习的理论基础

在语文教学开始之前，教师需要进行教学筹备，而学生则需要进行课前的知识预习。随着当今世界科学技术的飞速发展，科技的进步和创新越来越被国家重视，创新型人才的培养越来越被教育看重。国家宏观层面的引领，使得对微观教学方面的切入更加严格。进入高中阶段，语文课文内容的编制虽然体现了由易到难的编制规律，符合青少年的身心发展规律及认知规律，但是其难度还是要比义务教育阶段语文的内容难度增大了许多，尤其牵涉到各种题材、文体的课文，一篇课文要想使学生完全理解，至少需要一两节课的时间。而受高考指挥棒的影响，语文学科因其自身教学效果的长期性、潜伏性因素，无形之中更加导致其要为其他学科的学习时间让步，使得语文教师只能把需要五六节课完成的教学目标压缩至一两节课完成，这样显然无法在课堂上腾出更多的时间进行"自主、合作、探究"的学习活动，自然不可能真正达到教学目的。于是，很多教师自然而然地开始在课外让学生提前预习即将要进行讲解的新课文作为课堂教学效果提升的解决之道。

另外，语文课文并不像数学、物理、化学、生物那样被严谨的逻辑性知识所贯穿，它则是由大量的言语性知识编制而成，并且这些言语性知识附加了作者的思想感情，同时这些文本知识又与生活紧密相连。如果单纯靠教师的课堂讲解，学生自身由于受教师先前讲的类似知识的束缚，容易造成"思维定式，先入为主"，从而导致学生很难深入地体会作者的立意，对文本的理解也仅仅停滞于肤浅的层次，无法达到教学目的。但如果有一种方式能使学生率先阅读文本，与文本进行灵与肉的交集，再加上教师课堂的讲解，就能轻而易举地达到教学目标。

而实现这些目标，课前预习是一个很好的方法。随着世界经济一体化、信息多元化、知识经济时代的到来以及终身教育思潮的影响，培养创新型人才、养成自主学习的方式和习惯便成为一种必然。语文作为具有人文教育意义且蕴含中外人类优秀文化的学科，应主动担负起培养学生的创新性、思辨性、解决问题的方法和能力的责任。同时，知识预习作为学生自主进行语文知识学习的第一步，不仅关系到学生对于语文知识的初步认知，其结果也会直接影响到教师在课堂上的教学过程。可以说，学生在语文课下的自主知识预习过程，对于语文课堂有效的教学系统构建有着巨大的作用和意义。因此，教师应该积极动用教育资源，培养学生的预习习惯，并结合目前学生预习过程中的问题加以分析和总结，给出具有针对性的改进建议，以便完成高中语文有效教学系统的构建。

（一）预习的内涵、类型及特征

课前预习作为一种学生预先自学的学习方式，通过自学能使学生有效提高自己的自主探究能力和接受新事物的能力，同时也为提高课堂教学效率提供了便利条件。为此，近年来，诸多语文教育专家、语文教育一线工作者、语文教育专业硕博生，都相继对语文课前预习进行了诸多研究，但亦存在不足。笔者试图对当下高中语文课前预习进行研究，通过分析当前课前预习的现状及归因，提出适合高中生的语文课前预习优化策略，以不断丰富语文课前预习的理论，把理论更好地运用于教育教学实践中，争取发挥它最大的作用。

纵观我国的知识预习情况，笔者发现，我国的语文教育关于预习的理论研究并不少，但是实践研究较少。笔者认为，这主要是因为知识预习的把控较为困难，因为这部分学习工作是由学生自主在语文课前进行的，因此教师不能直接监督和了解学生的预习情况。但是，知识预习的效果可以直接反馈到语文课堂上。如果学生在课后积极预习，结合教师教授的有效知识预习方式进行语文课文预习，那么在实际课堂上，学生的课堂积极性将会明显提高。同时，因为准备充分，学生还会积极跟随教师的教学步骤，积极回答教师提出的各种问题。相反，如果教师发现学生在语文课堂上无精打采，不能跟随教师抛出的问题积极思考并回答，那一定是学生的课前预习出现了问题。因此，教师应该在日常教学过程中努力鼓励和培养学生的预习习惯，并将科学的预习方法传授给学生，使学生在正确的预习方法帮助下顺利完成知识预习工作，建立有效的预习机制。

1.内涵

预习是一种学习方法，也是教师帮助学生建立的有效语文学习手段。关于预习的概念，不同的文献著作、硕博论文、教育专家都对预习做了不同层次、不同种类的界定。叶圣陶先生将文本的预先翻查、分析、综合、体会、审度等称为预习，并指出预先事项的不同视文本、题材的不同而定。王文彦、蔡明认为，语文预习就是学生预先阅读文本，通过阅读筛选出文中的重要信息，然后再结合自己头脑中原有的旧知识进行分析、判断、推理、评价、反馈，在新旧知识之间进行"同化"或"顺应"，合成新知识的一个过程。在这个过程中，重点强调学生的独立性，至于对于预习是否需要教师的明确指导以及预习情况的检测则不涉及。艾发其认为，语文预习就是在教师的指导下，学生所进行的一种浅层次地阅读文本的活动。笔者认为，预习是在教师讲授新课、学生学习新课之前，教师有目的、有计划地布置给学生适量的、不同难度的、适合不同层次学生自学的作业，使其在旧知识的基础上，通过对文本进行翻、读、查、划、注、标、记等一系列浅层次的理解掌握以及深层次的自主探究、分析、思考获得新知识，为实现"以学定教，先学后教"的一个课堂教学环节。"一千个读者眼中有一千个哈姆雷特。"在接受美学看来，读者的阅读才使文本的价值和意义得以实现。进入高中阶段的大部分学生，虽然思维能力和审美水平都有一定的提高，对教学文本的阅读和感悟有了更高的要求、更多的见解，但高中的课堂容量大、节奏快，一些学生无法适应，更需要预习为他们打开一扇窗。因此，教师应该结合语文课程的预习，提高学生的课堂学习效果，并增强语文有效教学系统的构建效果。

2.类型

以预习的进行时间进行分类，知识预习的类型主要由两大类组成，即家庭预习和课前预习。这两种预习方式的最大区别是知识预习的进行地点不同，前者是需要学生在家庭中进行的预习活动；而后者则是在教师的指导和帮助下，利用正式上课前的几分钟进行知识的梳理和问题的思考。这两种类型的知识预习活动都是十分重要的,并没有优劣之分。同时,课前预习可以帮助学生建立良好的预习模式,也就是借助问题进行知识预习,如果学生可以通过课前预习掌握这种预习模式,对于提高学生的家庭预习能力将大有裨益。

(1)家庭预习

家庭预习是知识预习的重要场所,也是学生自主进行知识掌握的最重要学习步骤。在进行家庭预习的过程中,学生首先要通读课文,结合自己的阅读习惯,对课文中的重难点知识进行标注;其次,学生可以调动自己头脑中以往的语文知识,并初步进行课文中问题的梳理和解答;再次,学生可以通过互联网等多媒体工具进行知识查找,这部分的学习应该包括文章创作背景和作者介绍的查找;最后,学生可以结合课本后面的问题进行课文的总结性学习。经过上述的学习过程,学生的家庭知识预习基本就告一段落。可以说,家庭知识预习是学生进行知识预习的最重要方式,也是有效语文教学的重要推动力量。但是,很多学生并不能正确掌握家庭预习的完整学习步骤,这就要求教师严格按照学生的学习能力来合理布置,帮助学生建立适合自己的家庭知识预习步骤。

(2)课前预习

课前预习主要是指在教师的干预和指导下进行的知识预习工作,在这一学习过程中,不同于学生自主进行家庭知识预习的阶段,教师应该有意识地选用介入的方式来帮助学生进行知识理解和问题引导。因此,教师应该通过独特的问题设定和提出来吸引学生进行课前知识预习。需要注意的是,与家庭知识预习不同,课前预习针对的是全体学生,教师的问题设定要符合绝大多数学生的理解能力,可以调动绝大多数学生的学习和思考积极性。可以说,课前预习虽说主体依然是学生,但是抛砖引玉的却是教师。只有教师的问题设定合理、能够有效吸引学生的思考、提高学生课堂预习参与的积极性,才是优秀的课前预习问题。

3.特征

知识预习的特征是显著的,也是其重要性的体现。通过查阅国内外相关预习的文献资料,并结合笔者的亲身实践,大致认为预习的特征包括先行性、自主性、双重目的性、差异性、主体性。

(1)知识预习的先行性

从教学程序来看,课前预习伴随新课改实施以来,随着诸多一线教师对课前预习的重视程度的提高,他们逐渐把"课前预习"纳入教学环节中,并把它提升到与"课堂上课、课后复习"同等重要的位置上,三个环节不能相互调换、厚此薄彼,从而决定了预习在教学程序上的先行性。从学生的学习步骤来看,学生在教师讲授新课之前,利用自己原有的旧知识进行率先学习,在率先学习的过程中,学生积极调动主观能动性，进行率先的阅读感知文本、率先的深入思考，使学生对文本有一个整体的把握，这样可以增强其听课的针对性、实效性。

（2）知识预习的自主性

预习主要是指学生的自主学习过程，在学生进行预习实践活动时，可以自主利用所有语文知识预习有关的学习资源，包括在家预习环境的自我营造。在预习的过程中，遇到疑难问题、百思不得其解时，学生可以独立利用网络查找相关预习文献资料、视频课程资料、电子音像图书等，通过这些资料进行知识迁移、破疑解惑、获得新知。此外，在预习过程中，学生可以采取元认知策略进行预习、自我调节预习情境、自我调控预习进度、自我管理预习时间、自我监测预习效果、自我调控预习策略等。

预习的自主性还是进行预习活动的题中之义。正是因为预习是自主性的，学生在预习实践活动中才可以放开自己的身心，开拓思维的疆域，放开情感的束缚，利用自身的经历、阅历、情感体验对文本进行个性化解读，有利于学生情感态度与价值观的培养。同时，在解读文本的过程中，遇到疑难问题，学生独立发散思维，寻求解决疑难问题的方法，有利于培养学生分析问题、解决问题的能力。一旦问题通过自身努力独自解决了，又可以增强学生的自信心，从而更加有助于学生自主探究能力的提高。因此，自主性是课前预习的一个重要特征。

（3）知识预习的双重目的性

教师上课前需要做好教学设计，还要了解学情。而学生要想有针对性地听好一节课，必须提前阅读课文内容。那么，教师了解学情需要通过学生的课前预习反馈来获取相关信息，而学生提前了解课文内容需要进行课前预习。在进行预习活动的过程中，对学生而言，学生阅读课文、查找生字词、寻找重难点，对于在预习过程中能解决的问题在课堂上简略讲述，将课堂教学时间有效规划；对于在预习过程中通过质疑问难、开动脑筋、查阅相关资料，依然无法解惑的问题难点进行详细讲述，这样就实现了学生在课堂上有针对性地听课。因为对课文有针对性、有选择性地讲述，为学生节省了课堂上的时间，为在课堂上"自主、合作、探究"活动的展开提供了充裕的时间和机会，使学生能在一片轻松和谐的学习环境中学到真知识、活知识。对教师而言，教师通过学生预习情况的反馈，能更好地了解学情，有助于化解课堂预设与生成的冲突，从而提高教学质量。

（4）知识预习的差异性

首先，从事预习活动的学生自身是有差异的，学生自身的差异体现在男女性别的差异、学生心理发展与生理发展的差异、学生的人生经验与体验的差异、学生家庭环境的差异。其次，教师预习指导内容的设置要因人而异，尤其是对高中语文课前预习而言，因为语文是集言语内容于一体的一门学科，需要学生自身对文本进行个性化解读，学生自身各方面的差异，导致其对同一形式的文本的解读是千差万别的。因此，作为教师，在对学生的预习内容进行指导时要因人而异、分层设计；在对学生预习后的情况进行检测时、在适时合理地调整教学设计时以及在灵活地组织课堂教学活动时，都要时刻考虑到学生预习的差异。最后，教师预习指导内容不同文体的差异性。由于记叙文、议论文、说明文、文言文每种文体自身各有特点，大纲对不同文体的学习目标和要求也有所不同，因此要求学生预习时，也要根据不同文体设置不同的预习内容，教给学生不同文体的预习方法。

（5）知识预习的主体性

高中阶段的学生处于"青年早期"，生理发展日趋成熟，心理发展相较于初中阶段也有很大的飞跃，具体表现在容易封闭自我、有强烈的孤独感、渴望被理解、极力想摆脱束缚、自我意识增强等。高中生不像义务教育阶段的学生容易对教师产生依赖，他们往往厌倦教师的苦口婆心、过细讲解，希望有独立思考的空间和在充分思考下畅所欲言的机会。高中课本中的阅读篇目大多出自名家之手，无论是字词的锤炼还是内涵的揭示都需要仔细品读、认真琢磨，如果在上课之前没有学生的自主思考，那么课堂上鸦雀无声就不足为奇了。预习能够最大限度地激发高中生表达观点的欲望，从这个层次来说，高中语文教学过程中的预习甚至比义务教育阶段的预习更为重要。

预习全过程的实施，都是让学生独立进行，教师和家长在预习活动中主要起引导与辅助的作用，努力为学生创设良好的学习情境，让学生尽情发挥与思考，而不横加干涉与过多指导。这充分体现了"以学生为本"的学习理念，充分尊重了学生的人格，确保其人格的独立，确保其在学习中的独立性，在一定程度上展示了学生在预习过程中的主体地位。因此，预习的主体性也是预习的一个特征。

（二）预习的理论基础

1.布鲁纳的"发现式学习"

教育学家布鲁纳认为，学生进行学习和知识了解的原理和原则固然重要，但是最为重要的却是学生对于发现式学习的态度。也就是说，学生需要在预习过程中积极探索新的文学情境，在其中发现新鲜知识，并依据这些知识假设、推测知识中的相互关系。最终，学生需要结合自己的学习能力、已解决问题和发现新事物的学习态度来完成知识的探究和学习。这种学习模式对知识预习而言，恰好严密符合了预习自主学习的步骤，也是学生进行知识预习的重要探索过程。这种发现式学习方法主要包含五个学习阶段：第一个阶段是创设问题的情境，学生在语文文学情境中发现矛盾，并寻找出矛盾中亟须解决的问题；第二个阶段是学生需要利用文章中的、自己查找的资料来提出问题的假设；第三个阶段是通过文章的详细阅读和实践来检验自己的假设;第四个阶段是自己分析自己得出的问题结论,并将结论带入到文章中进行对比和分析,验证自己的结论;最后一个阶段是学生通过预习过程的完美实现,总结自己的预习过程,并结合问题的解答过程来提炼相关知识,总结和概括同类问题和文章的预习方法。

2.马斯洛、罗杰斯的人本主义学习观

罗杰斯提出以学生为中心的自由学习原则。他强调在学习活动中要以学生为本,尊重学生的主体地位,让学生自发地进行学习活动,在学习活动中调动他们的个体能动性,通过积极思考获得新知,在这个过程中,会使学生的探究能力和逻辑思维能力有所增强。而一旦通过学生自身的努力获得了新知,将会增强他们的自信心和成就感,从而使其再接再厉,更加努力地投入预习的活动中。

人本主义心理学特别重视"人"在学习过程中的作用,明确学习者的主体地位。只有学习者愿意自主学习,才能真正全身心地投入学习活动中,积极思考。可见,人本主义学习观认为学生自主、自发、自动地学习很重要,认为这是学习的重要品质,能够使学生的思维质量得到提高,也是学生获得学习动力的源泉。而预习的作用和目的也就是培养学生学习的自主性,培养学生自发、积极地学习。

因此,这对预习设计提出了很高的要求,预习绝对不是预先浏览文本、简单地了解大意、完成几道题目就可以了,它需要引导学生通过教师精心设计的预习内容而愿意接近文本、阅读文本,并欣赏作品的内容和价值。尤其是高中语文的预习设计,在很多学生对语文学习缺乏足够重视的情况下,如何激发学生的兴趣、勾起学生的预习欲望显得尤为重要。

3.斯金纳的强化理论

斯金纳利用人或动物的心理需要,认为正强化手段更能使某种期望的行为活动得以持续发生或重复出现,而负强化手段是对人或动物的心理造成不好的影响,而使某种期望的行为活动强度减弱或不能持续出现或永久消失。高中生处于青少年阶段,由于其本身有得到正面评价的心理需求,因此预习习惯的养成可以采用正强化手段。

4.最近发展区理论

维果茨基提出最近发展区理论,他认为人类有两种发展水平,一种是其自身现有的水平,一种是通过他人的指点后所能达到的更高的水平,两种水平的区间距离就是最近发展区。因此,他提倡通过学生预习到达自身所能达到的水平,而通过课堂上"自主、合作、探究"方式的学习,使学生在预习中的疑难问题得以解决,达到最近发展区更高的水平。

5.现代认知学习观

现代认知学习观强调旧知识与新知识的密切联系,认为在旧知识的基础上将新知识建构出来，这个过程就是学习。这和我们提倡的预习是不谋而合的，预习就是一个通过自己的发现把新知与旧知同化的过程。这种"发现"的能力，就是自学的能力，就是"学会学习"的能力，这种能力不仅会在学生的学校教育阶段发挥巨大的作用，而且在一个学生的终身教育中也是必不可少的。

由此可见，教师根据学生现有的认知情况来设计预习，在此基础上，设法激活学生原有的认知结构和认知水平，使学生善于学习，敏锐地捕捉到旧知识与新知识的连接点，以极大的热情期待对新文本的解读是我们亟待努力的方向。

实践是检验真理的唯一标准。可以说，再多的理论指导也不如教师实践推动学生进行知识预习活动。有效的预习活动可以显著提高语文课堂教学的效率，也可以增强学生的知识学习效果。因此，教师应该积极培养学生的预习习惯，不论是家庭预习还是课前预习，都需要结合学生的学习情况和语文课文进行知识的初步理解和掌握，并积极渗透文章的背景知识，以深化学生的认知和理解。相信在教师的合理引导和推动下，学生的知识预习行为将越来越高效，并对课堂教学起到积极的推动作用。

（三）有效预习的含义

前文已经提到过预习的含义，那么究竟什么是有效预习呢？在笔者看来，有效预习就是学生通过课文阅读，结合文章的知识进行观察、梳理、识记、联想、想象、辨析、比较和总结等一系列学习过程。有效预习是保证每一个预习过程都有效实现，也是学生使用科学的语文学习方法和思维模式来主动进行知识学习的过程。有效预习是提高学生自学能力的重要方式，也是提高语文课堂教学系统有效性的必要学习过程。

1.自读能力

在教学过程中，教师常常会提到"授人以鱼不如授人以渔"，意思就是在教学过程中，直接将知识传递或展示给学生，远不如教授学生科学的学习方法更重要和更有意义。因此，教师在教学过程中，教给学生知识预习的自读能力，帮助学生建立科学的预习自读方法，对于提高学生预习能力是十分有必要的。在自读能力的培养过程中，学生需要从知识查阅、课本勾画、知识批注三个方面建立自读能力。可见，学生的自读能力并不是与生俱来的，而是需要借助知识积累和教师及时的帮助和指导才能实现的。

2.知识查找能力

在学生的知识预习过程中，必然会涉及知识的查阅和查找过程，这就需要学生结合字典、互联网等进行知识的查找，并将找到的知识进行梳理和整合，进而应用到自己的预习过程中。例如，学生可以在预习过程中，对于自己不认识的生字加上拼音与注解，对于自己觉得写得好或有深意的句子进行标注并积累阅读感悟。这种知识查找能力与注解能力相辅相成，也是提高学生知识预习能力的重要步骤。

3.问题解答能力

在知识预习过程中，学生需要结合自己的预习情况来解答课后问题和自己发现的问题。在这一过程中，学生对文章的理解又会随着问题的解答而不断深化。同时，学生的问题解答能力也在知识预习的过程中不断完善。因此，知识预习不仅可以提高学生对于一篇课文的理解和掌握能力，还可以提高学生的问题解答能力和文学素养。

4.总结提高能力

在知识预习的最后，学生需要结合自己的预习情况进行知识总结和完善。预习的目的是让学生对于语文知识进行初步掌握，通过自己的能力来尽力实现对语文文章的理解。在这一学习过程中，学生不仅收获了知识，还提高了自己的语文自学能力。因此，预习结束后的总结不仅是知识的提高，也是技能的提高。

二、高中预习现状及问题

有效预习的构建不仅需要教师的有效指导，也需要学生的积极配合。在高中语文教学过程中，学生的学习习惯经过义务教育阶段已经基本养成，但是，这不代表教师不能通过教学观念的转变和教学意识的传递来帮助学生建立良好的有效预习观念。因此，笔者结合自己的教学经验和教学观察，总结出目前高中语文教学过程中预习存在的各种问题，这些问题有些是教师的问题，有些是学生自身的问题。反思是进步的有力助手，只有合理反思，才能实现预习水平的有效提高。

（一）教师在有效预习中存在的问题

很多教师在高中语文教学过程中容易陷入一个教学误区，认为预习是学生的事情，教师并不能起到任何作用。因此，很多教师只是口头对学生提出预习要求，至于学生预习不预习、如何预习、预习的效果怎么样从不过问。但是，这其实是一种错误的教学理念，预习任务看似是学生在执行，但是却切切实实会直接影响到教师的课堂教学，也会直接作用于有效教学系统的构建。因此，教师应该摆正思想，重视预习，并通过引导来帮助学生高效完成预习任务。

首先，随着国家创新驱动发展战略的实施，迫切需要吸收高新技术人才。而似乎通过以分数为导向的高考来选拔高新技术人才有所偏颇，但是高考制度的存在一定时期内有一定的合理性，使得教师把提高学生的学习成绩作为首要任务。对大多数教师甚至学校领导而言，预习是浪费时间的，并且脱离了提高分数的教学目标，教师将会受到同行嘲笑和学校领导的责难，还会白白增加学生的负担，与"减负"背道而驰。

其次，教师多重的角色，使教师尤其是男教师压力重重，既要照顾家庭，又要教好、教育好、管理好学生的日常学习和生活。再加上当下教师的工资待遇过低，微薄的收入作为家庭主要的经济来源，同时面对居民消费水平的提高和物价飞涨，家庭的负担迫使教师不可能把全部精力投入教学中。并且，学校又不太支持学生课前预习，认为其是在做无用功。

再次，在应试教育大行其道的今天，使得学校以分数为导向的校园氛围颇为浓重。那么，在以分数为导向的高中校园环境下，语文自身由于其潜在的长期性及潜伏性特点，导致其分数的高低难以用短时间的努力来提升和衡量。而其他科目，如与将来就业面宽且比较实用又能快速提分的数、理、化、生科目相比，语文科目的劣势则颇为明显。因此，学校领导在分配学科任务时，就把本应该给予语文的正当学习时间挪用给其他学习科目。在预习上也是如此，即便学校支持学生预习，也会通过各种手段促使任课教师在语文预习上的时间大大缩短。预习时间的缩短，致使好的预习效果遥遥无期，造成教师对学生的预习指导和反馈不积极等问题。教师流于形式的指导，其结果就是学习水平程度好的学生认为预习题过于简单，没有预习的必要，时间久了其骄傲之心日渐膨胀；而对于学习水平差的学生，遇到预习中的难题就开始妥协，认为太难了不可克服，也只有等上课时教师帮忙解惑。久而久之，使学生越来越缺乏自信，其主动参与学习的积极性也会大大降低。

最后，当然教师对于预习不重视也与其自身的教学技能及专业水平是分不开的。教师缺乏对不同文体、题材预习方法的指导，或许是教师自身对不同文体、体裁的预习方法也没有掌握牢固，所以不能熟练地教给学生，担心学生提出太多问题把教师问到"哑口无言"。

1.教师缺乏对预习的指导和反馈

有数据分析显示，教师缺乏对学生的预习指导。即便是有责任心的教师，对于学生的预习指导也是蜻蜓点水、浅尝辄止，要么直接让学生对着课后练习题进行课前预习；要么不考虑不同文体、题材的预习内容的区别，而设置一套终结性预习模板，让学生每篇课文都按照这个模板进行预习；要么不顾及学生的个体性格、学习水平的差异而粗略地设计预习模板。对于预习的检测，大多数教师就是口头提出，却没有真正实行过。只等偶然想起来的时候，才开始对学生的预习进行突击检测。但是，检测方式也多局限于单一的口头式提问，或者是死板地做练习题、模拟题，几乎很少积极地组织学生进行小组合作、交流疑难问题。

对于预习与课堂的衔接，很多教师认为根本没用，而有的教师则更加懒惰，认为学生预习完成后、检测后便万事大吉，根本不想再去根据学生的学情来调整自己已精心准备好的教案设计。此外，众所周知，学生的预习大多是在家里完成，但是很多教师却不注意与家长的沟通交流，只让家长在家督促孩子完成预习。

2.教师指向不明

绝大多数教师都能意识到课前预习的重要性，也会提出让学生进行课下预习的要求。但是，很多教师的教学指向并不明确，这就导致学生陷入预习误区，不但增加了学生的预习负担，还很容易耽误学生的学习时间。

（1）不明确要求学生预习

通过调查可知，约四分之一的教师不会明确要求学生预习，这是一个相当大的占比，可见语文教学预习现状不容乐观。教师往往觉得学生已经具备了丰富的学习经验，肯定会自己在课下进行知识预习的，因此教师并没有明确提出预习的重要性，渴望学生利用自己的自觉性去完成预习学习任务。这种情况的出现主要是因为教师忽视了预习的意义。其实，预习对学习能起到事半功倍的效果是毋庸置疑的，我们首先要肯定这个意识，再着手寻找正确的预习方法，让学生在更少的时间内取得更好的效果，既能提高学习成绩、培养自学能力，又不能给学生增加太多的负担。

所以，教师要从源头上认识到预习的重要性。只有教师意识到了预习的重要性，才能教给学生，让学生在头脑里形成"预习很重要"的印象，促使学生主动预习。当教师在头脑中承认预习学习过程的重要意义，就能积极安排学生进行预习。

（2）要求预习却不提出有效要求

语文教师群体中认为语文教学不需要预习的人毕竟是少数，绝大多数教师都认为预习很重要，但意识上的认同并没有落实到行动上。教师要求学生预习一篇课文，但预习的内容往往是含糊的。教师必须清楚通过预习可以达成什么样的效果，如果教师不清楚，学生也一定是糊涂的。

3.缺乏有效的评价机制

教师在平时的预习工作中，必须要把好检查预习这一关，不能偷懒敷衍，要真正地从检查中发现问题，并由师生共同解决，这样的阅读教学课前预习环节才算完整有效。高中教师的工作量很大，上班时间被备课、上课、批改作业占领，不少教师还不得不将工作带回家。可是，预习也是作业，有布置必有批改是对教师工作的基本要求，只不过以习题狂轰滥炸的课前预习由于题量较大，教师才会感到来不及，只布置不检查。

因此，要想阅读教学课前预习有所成效，必须进一步加强评价和发现，形成体系，严格检查学生的预习作业，并帮助学生纠正预习中存在的问题，不断提高学生的语文预习能力与效果。

(二) 学生在有效预习中存在的问题

学生自身作为预习活动的主体，其在预习中不重视课前预习以及低效无效的预习现象的出现是由多种因素导致的，具体有以下四个因素：

1. 学生没有掌握预习的方法

学生没有掌握预习的方法，教师无论再怎么积极地指导学生预习，也是无济于事。预习效果的取得需要学生自身掌握预习方法，并且最终还是要靠学生自己根据自己的不同情况，寻找一套专属于自己的预习方法，教师教给学生的预习方法毕竟是从教师的角度来总结的，并不见得适合于每一个学生。而在预习中较为常见的现象是学生对于文本的预习大多是搬出字典查查生字词、标示读音、画画重难点、对于不懂的字标注上释义、划分段落，对于文本的中心思想和写作特色，大多数学生则参考辅导资料进行记诵。这样的方法只能说学生对于浅层次的预习做得淋漓尽致，但对深层次的预习却并未涉及。譬如，没有开动学生的脑筋进行发散思维，也没有对文本的内容进行质疑、批判，就认为完成了预习任务。我国古代亚圣孟子曾说过："尽信书不如无书。"强调了反思和批判的重要性。学生在预习中如果不敢于批判和质疑文本中的知识，不进行深层次的分析和思考，就不能算是真正的预习。然而，大多数学生却误以为浅层次的阅读、翻查、记诵之类便是预习，由此可见，学生对于预习的觉悟并不高。

2. 学生的学业压力大

受高考指挥棒的影响，学生的学业压力大。进入高中阶段，尤其是普通高中的学生，通过高考进入大学的校门是每位学子的梦想，也是万千望子成龙的家长的美好期许。而要想在高考中取得成功，是以分数提升为前提的。因此，在各所高中里，上至学校领导下至学生自身，都格外重视提升学生的单科分数及总成绩。而尽人皆知，数、理、化、生科目因其自身的逻辑性和联系性较强，只要通过努力攻克了其薄弱环节，其整体分数将会有所提高，而对以言语内容为基础的语文来说，即便整天把精力投入语文学习中，分数也不可能迅速得到明显的提高。学生心中持有这样的意识，使学生不自觉地就把本该语文预习的时间转到了其他科目上，从而使学生学习语文的时间不能得到保证，预习语文的积极性与热情也大打折扣，自然理想的预习效果也无法取得。

3. 缺乏教师与家长的督促与监督

"懂事不是孩子的特征，爱玩是孩子的天性。"处于青少年阶段的高中学生，随着他们自身人生观、价值观、世界观的初步形成，这种天性在他们自觉的克制下有所收敛，但是其自觉性和自控能力还远远不如成年人。而趋易避难的惰性，成年人尚且不能完全克服，更不用说处于青年早期、尚未成年的高中生了。学习对大多数学生而言是又苦又难的事情，因此教师理应监督和督促学生学习，使其克服学习中的惰性。而之所以出现学生预习低效和无效的现象，自然是家长和教师的监督、督促机制不健全所致。

4.同学关系不和睦

心理学研究表明，学生受到群体称赞的数量越多，其心理满足感越大，也就越容易促使其在学习过程中再接再厉；而倘若其受到群体的称赞越少，甚至是不称赞，甚者加之以批评嘲笑，那么学生对于后来的学习热情便大不如前，其效果也很不理想。而要使学生在课堂上受到表扬，那么他的预习效果就必须在课堂上得以展示，并获得最大的满足感。小组讨论、分享交流的方式是最合适的途径。倘若学生之间关系不融洽，小组合作交流的预习活动便无法开展，学生也没有机会展示自己的预习成果，也就不可能有得到表扬的机会。没有了表扬的机会，学生便无法因为预习而得到心理的满足而更加努力预习了。因此，导致当下高中生课前预习低效或无效的原因，或许与同学之间关系的不融洽有关。那么，进行同学之间的沟通与交流，促使其良好关系的转化和形成，就成为应该为之努力的方向。

（三）家长在有效预习中存在的问题

在家长的潜意识中，学生的学习是学校的事，教育孩子是教师的责任，他们把孩子送到学校里，学校教师就要为孩子的学习负全责。对于孩子的预习，家长从来不关心，甚至有些家长在家里吵吵闹闹、我行我素、矛盾百出，电脑、电视、麻将等一系列不利于孩子学习环境氛围营造的东西充斥于家庭的各个角落，完全不考虑孩子的学习是否会受到家庭氛围的影响。学生的预习场所是家里，学生预习活动的发生也是在家里。因此，其在预习中存在的不重视课前预习或预习低效、无效是与家庭环境分不开的，而家庭环境对预习的影响大致分为以下四个方面：

1.预习学习的监护不到位

伴随着全社会物质文化生活水平的提高，本身出生在蜜罐里的这一代，从小到大就格外受到父母及爷爷奶奶的溺爱，导致他们从小养成娇生惯养的脾性以及叛逆的性格，即便是送到学校里，也是"江山易改、本性难移"。另外，伴随着互联网和网游的普及，导致大多数学生平时沉迷于网络游戏，而父母因经常不在孩子身边，只能通过打电话询问其学习，孩子就以其他理由搪塞过去。家长缺乏对孩子的有效监督，预习只能流于形式。

2.家长能力有限，监督不力

这一代孩子的父母文化水平大多集中在初高中阶段，以这样的学历层次来指导学生的初中、小学预习科目尚可，但是进入高中阶段，伴随着新课改的推进和素质教育的实施，现在高中各科目的内容更倾向于发散性，诸多科目逻辑性增强，致使家长想指导孩子的学习也力不从心，面对孩子提出的问题"大眼瞪小眼"，不知所云。作为家长，只能在一边看着孩子写作业和预习，而对于学生是否真的在认真预习还是思想开小差，则不得而知。久而久之，孩子就养成了阳奉阴违的性格，大多受爱玩天性的驱使，做着预习的样子，思想早已开了小差。这样的预习因为缺乏家长的督察而导致有名无实，预习效果自然无从谈起。

3.盲目轻信辅导班

大部分家长不了解预习对语文学习的重要性，他们盲目寄希望于社会培训机构的教师，期待他们能够四两拨千斤，以弥补孩子在学校学习的不足。就笔者了解得知，绝大多数学生参加过社会培训机构的学习，但这种学习方式只对极少部分学生产生了积极影响，虽然对约一半的学生无明显影响，但这从另一个侧面暗示了很多学生根本不知道上补习班到底给自己带来了什么，这种被动的学习背后突出了学生的迷茫和叹息。因此，不论是教师对于预习的教学观念，还是教师在教学实践中对于预习的正确态度和引导，都是学生提高自己预习能力的灯塔，也是学生进行有效预习的重要指引力量；同时，家长是家庭教育的核心，肩负着监督学生自学效果的重要责任。笔者希望每一位家长都可以尽到自己的教育义务，帮助学生、配合教师完成学生的有效预习学习内容。最后，学生也应该建立学习自信，在教师的指引和家长的帮助下，认真完成预习任务，并将自己在预习中得到的语文知识和问题带到语文课堂上，将预习效果最大化，并切实提高自己的语文学习能力。

第六章 高中语文教学比较法的思考

比较法在高中语文教学中的实践研究语文学科是一门综合性学科，具有内容的多学科性和教育功能的多样性。在高中语文教学中实施比较法，不仅对学生的阅读能力有很大影响，而且对写作能力的培养也有很大的影响。在语文教学中，阅读是学生理解文本的最基本形式，而在阅读教学的课堂上，要让学生快速有效地抓住陌生文本的重点，教师可以实施比较的方法，同时也可使课堂知识得以向课外延伸。通过联想相似文本或者相关文本，然后进行比较，学生的思路和多种思维能力得以开阔发散。同时，比较法对写作能力提升也有积极的影响。此外，日常的听、说、读、写活动基本上都属于机械、死板式的，很容易使学生感到厌倦，而比较法则具有丰富性，可以把各种知识按不同方式组合起来，对学生审题选材时的发散性思维有帮助。学生在比较中不仅拓宽了写作面，而且可以根据比较法反省自己的文章，将自己文章的构思方式、角度与其他文章比较得出异同，从而找出自己文中的缺陷并修改，在比较、审察、分析、综合中提高自己的写作水平。

第一节 语文教学比较法的要求

人们的思维过程是一种复杂的活动，而比较是思维的基本方式。在教学过程中，不同类型的文学文本都可以通过比较的方式来进行。在比较法的实施中，学生通过比较阅读，激活了阅读的兴趣，把握了阅读的内容，提高了阅读的能力，掌握了学习的方法。而教师则在比较教学的实施中，将自己的财富转交给学生。

高中语文这门学科涉及的内容非常复杂，而且渗透到社会的各个领域。不管是教学内容的更新，还是传授方法的变革，都和人类的日常生活息息相关，其作用也就显而易见了。因此，在高中语文教学的过程中实施比较法教学，要关注不同的实施步骤,采取多样化的方法途径,从不同角度使教学内容更加丰富,教学思路更为宽广。比较法下的语文教学既要开拓学生的思维空间,又要培养学生的想象和思维能力。在比较中,不仅要让学生掌握基础知识,还要注重学生技能的提升,锻炼学生的自主学习素养、创新思想和发散性思维。

一、比较法在高中语文教学中的实施步骤

比较法教学的"着力点"应放在学生方面,以提高学习效果为最终目的,因此在实施这一方法的过程中,要充分调动学习者的热情,提升他们对学习的积极性。这就要求教育者摒弃陈旧的"填鸭式"教学,尊重学生的个性发展,给学生充分的思考空间,进而迸发出创造性思维。只有采取这一教学模式,才能从根本上摆脱传统的学生游离课堂的"单向"模式,从而达到运用纵横及综合的连贯比较,把握重点,突出文章精髓的效果。

(一)课前准备是实施的基础

充分的课前准备是掌握课堂知识的前提。学生的任何一门课程的学习都不是从零开始的,都是建立在学生或多或少的已有知识和经验基础之上的。高质量的课前准备从根本上可以提高课堂的质量和水平。

1.教师布置预习时有意识地引导

教师应引导学生学会搜集资料。首先,教师要根据教学内容对学生搜集的资料给予具体指导和说明;其次,要对学生搜集资料的方式、方法给予指导,如可以通过报刊、网络、文献、电视、图书馆等多种渠道获得资料。同时,教者要设计科学的导入环节,设置层层递进的教学任务,促进学生乐于学习,善于发现问题,并能尽自己的最大努力解决困难,提升自身的学习素养。

2.学生有意识地学习呈现

自主学习是在教学条件下学生高品质地学习,强调学生主体能动性的发挥。只有给学生充分的自学、思考时间,才能让学生自己去读书、去感悟、去思考、去探究。学生在充分预习后形成自己个人的草案,然后和小组成员在组内互相交流。在有了课前阶段的充分准备之后,才进入课堂的教学,这样经过学生比较思考的预习,上课后首先是课前阶段的展示,让学生带着比较的成果各抒己见。

学生经过思考探究,在教师点拨后得出比较的成果。

第一,景物从雄奇豪迈到清幽澄澈再到阴森恐怖,既是不同季节自然景物特点的表现,也有可能是惊心动魄的官场、险恶的现实社会在他心中的投射。

第二,三部作品单个来看,每部作品中都表现了苏轼思想矛盾挣扎的一面。从作品中表现的人物来看,苏轼从最初对英雄的追随、仰慕、崇拜,到对英雄存

在意义的否定，再到英雄彻底退出他的文本，可以看出被贬黄州后的苏轼，他的"立功以求不朽"的思想正在不断地消退。

第三，从"人间如梦"，到寄情于江上之清风明月，再到颇具神秘色彩的羽衣道士的出现，表明了崇尚出世的道家思想在他的精神世界中发挥着越来越大的支撑和自救作用。

第四，苏轼思想的矛盾与复杂体现了中国古代儒家哲学与道家哲学之间既相反相克又相融相济的特殊关系，对于"居庙堂之高""达则兼济天下"这个梦想破灭之后的古代知识分子来说，倡导精神自由主张、寄情于自然的道家哲学思想是他们最好的精神避难所。

此时，学生对苏轼有了一个从感性到立体化的理解。他们不再仅仅用豪迈和奔放这些概念化的词语来形容苏轼，对道家的理解也不仅限于消极避世，而认为清静旷达的道家思想也是为欲念所伤的人的良药。此外，还有些学生从课内走到课外，列举出陶渊明"不为五斗米而折腰""挂印归去"与李白"安能摧眉折腰事权贵，使我不得开心颜"等寄情于山水田园的先贤们同时为现实所伤，有与苏轼相通的心理印记。

学生的这种对作家思想人格的立体化理解和动态把握以及思考深入，课外的发散性思考的实现，不通过课前准备作为基础的比较教学是无法达成的。教育心理学认为，习惯的养成需要不断实践与强化训练，才能逐步形成，并非一蹴而就。此外，在习惯的形成初期，需要历经反复学习，才能形成并相伴终身。很多时候，教师要在上课前认真做好课前准备，指导学生确立学习目标及做好学习前的准备工作；学生通过养成课前准备的习惯，就会逐渐形成学习"定式"。课前准备是否充分，直接影响着教学的效果。

（二）课堂教学是实施的关键

在课堂阅读教学中，如果进行课文的孤立学习，那么就不能准确掌握课文；如果可以将其与同种类型的课文对比，在相同处找出其不同点，在不同处找出其相同点，那么读物的本质特征就很容易辨别，我们称这样的方法为比较阅读法。

（三）课后复习是实施的延伸

课后复习在教学过程中是极为重要的一部分，有助于加深与提升阅读教学。通过比较法进行复习，可以让知识归集起来，并使其条理化、系统化。

1.教师给予方向的指引

课后的延伸内容纷繁复杂，资料多而杂，学生难以快速而有效地找到所需的延伸文本。但是，教师最清楚课堂上所讲课文的重点所在，所以教师应该在学生课后复习时给予方向的指引。

2.学生自主分析、比较

语文学习是有规律可循的，而提高语文能力，必须学会找寻其中的规律。叶圣陶先生强调，语文的学习主要是以学生自己阅读与领悟为主。因此，课余时间学生自主分析、比较就是自己领悟的过程，也是找寻规律的过程。

3.小组综合、归类，展示课后成果

学生个人在进行课后复习后，还可以小组合作，补充完善自己的知识体系。例如，对以上几篇小说的关于环境的描写进行异中求同与同中求异等，可以将环境描写在小说中起到的作用总结出来。

（1）环境自身的作用

起到对小说氛围的渲染烘托；对小说时代背景进行交代。

（2）环境对人物形象塑造的作用

为人物提供活动的背景；表现人物的性格；烘托人物的心理活动。

（3）环境对情节发展的作用

为故事情节做铺垫；直接推动故事情节的发展。

（4）环境对小说主题表达的作用

暗示主题；深化小说的主题。

上述几点中就对小说中环境描写的知识点进行了复习，学生可以通过这种方法进行其他知识点的延伸学习，这有助于强化知识间的联系，提升复习效率。

在对高三语文现代文阅读的复习进行指导时，为规避分册逐篇复习的低效性，也可以采用分类比较的复习方式。具体来说，就是将高中三年出现的文学类文本阅读的重点篇目放在一起，集中进行比较阅读训练，并让学生在比较复习中注意以下几个比较点：①作品中人物的姓名及性格；②人物描写方式，尤其是对外貌的描写；③景物描写及其作用；④对重要含义句子的理解；⑤作品主题。

总而言之，比较对于认知事物具有重要意义。因此，所有教师都应当关注这种教学方式，并将其提升为语文教学水平比较有效的办法。通过比较，可以对学生的学习兴趣进行引导，激励他们不断学习新的知识，逐步提升其学习能力及学习素质。

二、比较法在高中语文教学中实施的途径

黑格尔曾经说过，"如若一个人对于当前明显的差别可以看出，我们不会觉得它有多了不起。但是，从另一个角度上来说，一个人如若可以在两个相似的事物中找出其差异，就可以得知其有极高的比较能力。我们可以要求的，是可以在不同中找出相同和在相同中找出不同"。因此，比较在各领域研究中是不可缺少的优质方法。同样，在高中语文教学领域中，比较也是能够提升教学品质与效率、拓

展学生思路的一种有效方法。比较思维是确定比较对象的共同点和不同点，从中掌握一般规律，认识特殊现象的一种思维活动。比较有教学内容方面的比较，也有学习方法和教学方式等的比较。比较过程中求同的目的是找到事物的相似点，使学生能掌握一般意义上的特点，总结归纳出一般规律；而比较过程中的求异的目的则是找出事物间的不同之处，使学生能够迅速、准确地辨别并把握事物的特点或重点，总结认识特殊现象。

三、比较法在高中语文教学中实施的角度

在实施比较法教学时，应该做好以下几点：一是比较范围要明确，范围的确定要科学合理，没有可比的文章就不需要进行比较，因此具有可比性的文章具有同类性质，在题材、体裁、主旨等方面有共通点；二是比较点要找准，比较点要扣准问题的实质，使人对问题有更清晰、透彻的认识，一般来说，文章可以从人物、景物、主题方面比较，也可以从结构、写法以及语言表达等方面进行比较；三是比较结果要表达清楚。

（一）标题内涵比较

当学生学习一篇课文的时候，首先接触到的就是文章的标题。文章的标题是一篇文章的核心，可以分为以下几类：一是点明文章主要写作内容的；二是暗示文章写作形式的；三是交代文章的主旨和情感的。从比较标题来导入教学，能更好地激发学生的学习兴趣。

1.换题比较领悟作者用意

例如，在教沈从文的《边城》时就可采用此种方法：《边城》讲述的是少女翠翠和摊送两兄弟的故事，但是沈从文先生却没有将题目定位为"翠翠的故事"，而是采用"边城"来命名。比较这两个题目，哪个更好呢？当学习完这篇文章后，我们明白了作者的用意：《边城》寄托了沈从文对故乡美好的感觉，它不单单是讲翠翠的故事，更是借此表达对边城淳朴风情的喜爱与留恋，翠翠只是其中的一个人物而已，以她为题失之偏颇。通过比较文章的标题，学生就会提出疑问，当他们在阅读小说的时候也会认真思考这个问题，从而使兴趣大大被激发。

标题在一篇文章中起着提纲挈领的作用。学生要学会审题，第一步就是要通过比较标题内涵，了解标题之间的区别，使学生更好地领会作者命题的严谨，同时还可以从标题中对文章有大概的了解。

2.同题比较发展多向思维

高中语文教师在课堂教学的过程中，为了提高学生同题多种写法的能力，可以选择有一定联系的文章的标题与所要讲述的文章标题进行比较，如可用题目相

同、写法不同的课文，引导学生积极分析，充分发表意见，相互辩论，从而使学生的审题能力得到提高。

比较的关键是教师应从作者的构思立意、选材的重点与不同的角度、写作技巧、风格上分析原因。综合思考时，教师要引导学生从两作品反映的主题、写作方法等进行思索，使学生从中受益，使学生在认识客观外界物体时，能归纳出规律性的东西。

3.同作者异题比较总结创作规律

作家的创作规律在他的作品中无所不在，可以渗透到任何一个文本的标题中。因为它反映了作家的全部生活积累，包括其思想、经历和表达习惯，所以必然体现在其创作中。因此，我们可以通过比较该作家的不同作品标题，总结出该作家的某些创作规律。比如，鲁迅的小说《药》《祝福》，在标题的创作上颇费心思，寄寓了作者对生活独有的认识。首先，说说《药》这个标题。用这个做标题，包含了鲁迅对小说三个方面的考虑：其一是这篇文章通过人血馒头这一特殊的"药"，明写华老头寻找治痨病的办法，暗写夏家女儿革命被屠杀的事实，贯穿全文，起到了线索的作用；其二是"药"具有概括情节的作用，因为小说先后写的是华老头买药、吃药、谈药和吃药结果的过程，每一个情节都紧紧围绕"药"展开；其三是具有揭示主题的作用，鲁迅先生通过这篇小说展示了中国社会的悲剧一面。一方面，民众在封建思想的毒害下，愚昧无知，不仅不了解革命，还把革命烈士的血当药引；另一方面，先行革命者虽然流血，却得不到民众的理解。这种双重悲剧的冷峻叙写其实包含了作者良苦的用心，即希望借此引起人们的思考，从而寻找救治的良药。从以上分析，我们可以领略到鲁迅先生在标题上的深思熟虑。

同样在《祝福》这篇小说中，鲁迅先生在标题上也有双重考虑：一是祝福具有点明内容和概括情节的作用，小说开头、中间和结尾都有写到鲁镇过年祝福的情形；二是寄寓了作者对封建制度和思想残害弱者的强烈批判之情，祥林嫂最后死于新年的祝福之中，以祥林嫂为代表的弱者的悲惨呼号和以封建势力代表的冷酷、虚伪的欢呼形成鲜明对比，作者的反讽之意尽在不言之中，增强了祥林嫂遭遇的悲剧性，在表现主题方面也揭示了封建礼教吃人的本质，从而引起读者的震撼。

总之，如果能够引导学生深入对上述具体案例进行比较分析，学生对标题在文中的作用理解必能更加深入，并能从小说线索、情节和主题等角度进行归纳概括。

（二）内容构思比较

文章的内容构思是一个呈现着系统性的、有中心及层次的、物化的整体性思维活动。它是在对文章整体进行建构的基础上，升华出所要表达的对生活的独特体验和认识。因此，文章内容构思的成果包括主题意蕴的表达形式。

1.结构方式比较构思

结构是文章内容的外在表现形式，服务于主题意蕴。如果文章结构不完整或不合理，那么文章思想内容的表达就可能紊乱，也就不能吸引读者。

比如，《祝福》所表现的内容是祥林嫂的悲剧命运。因此，在教学中，教师可以先让学生们找出祥林嫂的变化，找出脸色、两颊、衣着的变化，然后引导学生比较这些变化，并进一步探究祥林嫂为什么会产生这样的变化，这反映了她怎样的命运。

通过这张具有直观性的命运变化表，根据人物肖像变化的比较，学生可以更加清楚地了解到祥林嫂三次来到鲁镇之后的命运变化。根据这些变化，学生可以更好地理解祥林嫂所遭遇的苦难，进一步理解小说所要表达的主题。

不仅如此，教师还应该在教学中注意引导学生关注文章的倒叙技巧，并将其和顺叙、插叙进行比较。只有在比较中，学生才能体会到《祝福》采用倒叙的妙处，理解其在小说里预设悬念、行文曲折有致的作用。

一般来说，好的文章必有好的结构，好的结构是文章内容合理、清楚表达的前提，也是吸引读者的一种手段。因此，在高中教学阶段，教师应该在文章教学和赏析中对结构分析予以足够的重视，尤其是要多运用比较教学的方式，让学生认识不同结构对文章表达的影响。比如，对于一篇倒叙的文章，教师可以将其改为顺叙，然后让学生比较分析，从而更好地理解作者精心组织的目的和好处，培养学生在文章结构方面的运用能力。

2.文章思路比较内容

在教学中，教师还可以通过文章前后不同角度的比较分析，促进学生文章主题概括能力的提高。这里以《雷雨》为例进行分析。

比较分析一：鲁妈进入周公馆后，被周朴园认出是当年抛弃的侍萍，说话顿时立变。在此过程中，教师可以引导学生前后对比分析。

分析方式：让学生进行角色朗读，并进入情境感受，然后明确前后说话的态度和语气完全不同。

原因探讨：之所以要在鲁妈面前语带伤感、温和而有礼，是为了表现自己的念旧情，反映的其实是他性格虚伪和心灵的空虚；后来认出旧情人声色俱厉，如临大敌，表现的是他的冷酷无情。而造成这种变化的根本原因是周朴园的资产阶级本性和社会地位使其扭曲了正常的人性。

比较分析二：鲁大海和周萍不同遭遇的比较。

比较异同：相同的是两人都是周朴园的骨肉，不同点是一个遭疼爱，一个遭迫害。

原因探讨：资本家的本性使其正常人性被扭曲，周朴园眼中没有亲情，只有金钱，成了一个唯利是图、人格扭曲的反动资本家。正是这种唯利是图、冷酷、傲慢、凶恶的性格，决定了他对两个儿子的态度截然相反。

思考提升：周朴园是中国半殖民地半封建社会统治阶级形象的一个缩影和代表，这一形象的所作所为反映的是当时社会统治阶级的罪恶，这也是文章的主旨。

按照上述方法对学生进行比较阅读训练，学生的分析归纳能力可以得到提高，判断思维能力可以得到很大的发展，有利于其更好地学好语文，提高各种语文能力。比较法语文教学是使学生整体感知课文内容的有效方法。它是基于不同文学作品之间的内在联系而进行的一种跨越性阅读，让学生学会在相同点中找出不同，在不同中找出共同的联系，让学生学会知识迁移，以旧悟新，以新补旧。通过对文学作品多角度、多侧面的观照和比较，认识文学创作规律，提升审美和分析能力，促进学习能力的提高。

比较阅读范围宽广，不仅可以比较中外作品，也可以比较古今作品，还可以比较同一个人或同一篇作品。同时，比较角度应该多样，可以从作品的宏观角度进行比较，如主旨、风格、结构、题材等；也可以从作品的微观角度进行比较，如手法、语言、词句等。此外，在比较方法上要灵活多样，或全篇比较，或语用点的比较；或横比，或纵比；或异中求同，或同中求异，不能过于死板。

第二节 语文教学比较法的实践

在《普通高中语文课程标准》中，教育部指出："积极倡导自主、合作、探究的学习方式。"所谓探究性学习方式，就是指学生经历"阅读—分析—比较—归纳"的基本过程。学生在阅读中通过分析、比较、鉴别，才会有创新。之所以要比较，就是通过相关联的思维来分析作品，以确定事物中的同异关系，并对作品意蕴有更深刻的认识。比较的价值在于更好地培养学生的独立思考能力，逐渐养成良好的思维方式，最终形成优良的探究学习品质。

在新课程背景下，学生可以在占有大量比较素材的基础上，主动自觉地运用比较法思维。在课堂上，积极探究的学生一般都具有强烈的参与意识，更善于分析问题、思考问题、比较事物特征，并从中总结出富有创造性的结论。结合自身教学经验，笔者对高中阶段学习的主要文学样式教学进行了探索。

一、比较法在高中现代文阅读教学中的应用

对纷繁众多的现代文作品，如何快速提高其认读、理解能力，把握作品的中心内容？比较法的运用是提高现代文教学效果、实现其教学目标的比较理想的教学手段。2003年，我国开始实行教育改革，高中语文增加了选修课。根据我国《普通高中语文课程标准》中的要求，高中语文课程包括五个系列：一是诗歌与散文；二是小说与戏剧；三是新闻与传记；四是语言文字应用；五是文化论著研读。其中，每个系列又分若干个具有相对关联性的模块。这些选修的教材与必修教材相辅相成，为比较法的运用提供了大量的素材。在现代文阅读教学的运用中，选修课的内容主要是对必修课的内容进行拓展与提高，目的是加深学生对知识的理解和掌握。

（一）高中教材中同一作家不同时期的文学作品比较

文人从年轻到年老有着不同的阅历、心境，因此他们的创作风格也会随之改变。通过对同一位作家不同时期的作品比较，可以更深入地了解他们的人生经历和心路历程，使学生更全面、更有层次地欣赏经典作品。

透过不同时代不同作家的作品，我们可以感触到文学创作的轨迹，从中汲取丰富的文学营养，与作者共同体验人生，更好地把握时代发展的脉搏。

人教版高中语文必修课本中选入同一作家的作品不多，但选修教材中有专门的版块，如《红楼梦选读》《鲁迅作品选读》等。同时，对同一作家的小说采用求同比较或求异比较的方法可以更好地理解作品。

1.总结出作家写作方法的规律

我们学习曹雪芹的小说时，可以把必修教材入选的《林黛玉进贾府》和选修教材中的《诉肺腑》《宝玉挨打》《香菱学诗》《抄检大观园》等小说放在一起进行求同比较，以此总结曹雪芹小说中描写人物的共同表现手法。

（1）形与神统一

作者根据人物的自身性格与特点，通过文字对性格的描述，透露人物的气质以及独具特色的美。比如，作品中的林黛玉，通过对其性格描绘来体现其孤傲、风流，但瘦弱飘逸的特点。而基于人物气质特点，林妹妹的发式是头发松散、飘洒。同样的发式，如果套在宝姐姐身上，则和人物性格不相称。

（2）缺憾也是美

既然有缺陷，怎么可能完美呢？曹雪芹时代，大都用柳眉细眼，这应该都有所感受。"雪肤花颜""西施王姑"等流于俗套的词对于美人的形容，本意是想突出女性美，但俗套的描写反而适得其反，使得美女千篇一律、毫无生气，没有人

物个性。而在《红楼梦》中，曹雪芹大胆地突出人物身上的优缺点，分层次逐一描绘。这样的写法，可谓"鸟鸣山更幽"，更加耐人寻味。比如说林黛玉，读者不会因为她的娇弱而觉得有所缺憾。曹雪芹先生通过突出人物的某些缺陷来体现人物的完美性，这种大胆的艺术尝试使《红楼梦》更加出彩，体现了现实主义文学与唯美主义描述的完美结合。

（3）旁眼观他人

在《红楼梦》中，完全客观的直接描绘形式很少，曹雪芹更多的是通过小说中的某个人的眼睛去展示另一个人物的性格特点。首先，这种写法让故事情节更加紧凑，避免了由于过多的切换语气，使故事情节容易脱节。其次，更好地把握对美的感受，毕竟一般读者不可能了解曹雪芹，对其审美趋向无法把握。但是，如果借用《红楼梦》中人物的眼睛去描绘，那么只要了解人物本身，就能很好地了解他眼中所呈现的世界。比如，多愁善感的林黛玉，在她的眼中，王熙凤是一个"彩绣辉煌，恍若神妃仙子"的少妇。既然在清高如斯的林黛玉眼中，王熙凤都是一个"神妃仙子"，那么王熙凤也肯定不是一个寻常之人。

2.总结出作家作品思想的深刻性

学习鲁迅的小说，可以把必修教材的《祝福》《阿Q正传》和读本的《药》进行比较，因为它们发表的时间都比较相近。通过比较，就可以发现这三篇小说有着很多的共同点，都塑造了被侮辱、被愚弄的社会下层的百姓形象。《药》里面的华老栓、《祝福》里的祥林嫂、《阿Q正传》中的阿Q都是悲剧人物，让人同情。

这三篇作品都反映了当时中国的社会现状，即凶残狡猾的封建势力与思想愚昧落后的人民。从塑造人物的手法上看，三篇小说都采用了语言描写、肖像描写和动作描写。寻找相同之处，可以使学生从归纳和比较中更好地理解文章的内容，更深地体会作者的思想感情，提高学生的综合归纳能力和逻辑思维能力。

同时，在教授《阿Q正传》时，教师可以将阿Q与《药》里面的夏瑜进行比较。同为革命者，阿Q认为革命就是抢东西、抢女人，不懂革命的含义；而《药》里面的夏瑜已经成长为一个真正的革命者，他理解革命的真正意义，甚至勇于为国献身，在牢里还劝说红眼睛阿义。通过比较分析和讨论，学生就会发现同一作家笔下的革命者有着不同的个性特征，这恰恰就反映了鲁迅先生对革命的深刻思考。如此比较法，就像贯穿课堂的金线，对提高学生的语文阅读能力与综合素养以及在教学中引导学生进行"知人论世"具有重要意义。

（二）高中教材中不同作家的文学作品比较

在比较阅读文本的选择中，可以选择一些跟所学的课文体裁、内容、写作方法等有一定联系的作品，如朱自清的《荷塘月色》、季羡林的《清塘荷韵》、郑伯探的《荷叶脉》等。这样既扩大了学生的阅读面，丰富了学生的课外阅读内容，又提高了学生的文学素养，可谓获益良多。比如，在学习莎士比亚的《罗密欧与朱丽叶（节选）》一文时，可以将同是文艺复兴时期的文学作品进行比较阅读，如薄伽丘的《十日谈》、拉伯雷的《巨人传》、塞万提斯的《堂吉诃德》和但丁的《神曲》，它们都在某种程度上表达了新型资产阶级的人文主义思想，抨击了腐朽、荒淫无度的封建及基督教会，反映了人们对人性解放的要求，表现出对幸福生活的向往。这些作品在其主旨和表达的思想上都有某种共同之处，但彼此都出自不同作者和不同国度，在表现手法、文体和表达方式上存在着很多的差异。

因此，在高中教学的各个过程中，可以适当地把不同作家的作品相互比较，从而凸显出所学文学作品的特点，并达到深刻的效果。下面以现代文阅读教学中的小说为例。

人物教学是小说教学的一个中心环节。如果教师可以通过比较引导学生分析不同篇目的人物形象，那么就能让学生更加深刻地把握人物的形象，并通过人物形象更好地了解不同社会环境下的人物生活与作品主题。人物比较可以是人物与人物之间的比较，还可以是刻画人物方法的比较。

1. 单个人物与人物之间的比较

不同的人物形象在性格和思想方面有相同点，也有不同点。

比如，鲁迅《祝福》中的祥林嫂，孙犁《荷花淀》中的水生嫂，她们的生活背景都是农村，中华民族的传统美德深深地影响着两个人，她们勤劳、善良，是典型的贤妻良母。但由于时代不同、环境不同，造成了两个人不同的性格特点。祥林嫂生活在封建社会末期，现代文明的思想还没有进入广大的农村，即使是小城市的鲁镇，也是保守的、封闭的、落后的，生活在这样背景下的祥林嫂是愚昧的、无辜的，只能被现实的黑暗社会所毁灭。而水生嫂则生活在抗日战争时期，这时老百姓已经开始觉醒，社会也有了一定的进步，特别是当时的根据地，妇女们已经会拿起武器保卫国家，所以水生嫂能从一个贤惠、温柔的农村女子成长为革命战士。

2. 多个人物与人物之间的比较

多个人物放在一起进行比较，找出他们的个性和共性。高中语文课本中塑造了多个女性的形象。

比如，农村女性形象：《边城》中的翠翠是清纯、可爱、美丽的乡村女孩，是作者心中美的化身，但她凄美的爱情故事，是一首令人心碎的悲歌。作者通过对翠翠寄托乡恋与旧情，用文字孕育出血肉丰满的乡村女孩形象，同时也通过翠翠这一艺术形象，表现出对"现代文明"的无情批判。在《祝福》中，祥林嫂代表的是旧中国的农村劳动妇女形象，具有中国妇女勤劳、质朴、善良而又顽强的典型特点，同时又是被践踏、受鄙视、遭迫害的旧社会下层小人物。在旧社会，她无法争得一个做人最起码的权利，最终被封建礼教与封建迷信所吞噬。而在《荷花淀》中，根据地的进步思想无疑是挽救水生嫂的重要因素，使得她既保留了中国妇女的传统美德，又具备进步妇女的特点。

还有同为才女的林黛玉、杜十娘和薛宝钗，同是母亲的华大妈、夏四奶奶等，这些都可以进行比较。比较能够引导学生更好地把握同类人物中所体现的不同特征，准确理解人物形象的社会意义，提高学生的文学鉴赏能力。

3.刻画人物方法的比较

刻画人物形象的方法很多，主要有人物描写、环境描写、场面描写等。人物描写可以分为语言、心理、动作、外貌四个方面，环境描写可以分为自然环境描写和社会环境描写，场面描写可以分为动景、静景描写。从描写的方法来看，可分为实写和虚写、正面描写和侧面描写。如果教学时抓住这些描写手法进行比较，会有意想不到的收获。

可以把不同作家笔下的人物放到一起进行比较分析，比较他们在人物刻画方面的不同点和相同点。祥林嫂、水生嫂和翠翠是生活在不同时期的女性，鲁迅、孙犁、沈从文在塑造这些人物形象时都使用了语言描写、动作描写、心理描写的方法，但又各有侧重。对祥林嫂，鲁迅主要运用"画眼睛"的方法，真是精细别致、工巧绝妙，简明地展示了祥林嫂一生悲惨的遭遇和由希望到幻灭的精神历程，写出了主人公逆来顺受的性格特点和麻木不仁的精神状态，揭示出她受到的摧残，展现了每况日下的苦难历程，有力地表现了主题；对水生嫂，孙犁主要是以细节描写来展示水生嫂微妙的内心变化；对翠翠，沈从文主要采用景物烘托和语言描写的方法来描绘翠翠的内心世界。根据人物方法的比较，可以更好地了解人物的性格特点，进一步理解人物的精神世界，也可以体会不同作家在塑造人物形象时的独具匠心。

二、比较法在高中写作教学中的应用

作文是展示学生语文综合能力的最高表现，也是多数学生最头痛的问题。因此，作文教学更具有复杂性与特殊性。笔者通过几年来对比较法的教学实践，所教学生多数都能做到灵活运用，可以收到事半功倍的教学效果。运用比较法辅导学生写作，使作文点评变得有趣、活泼，更好地激发了学生的写作兴趣。通过比较，能激发学生的发散性思维，拓展写作思路，开阔写作视野，使用不同角度进行不同方式的写作，从而有效提高学生的写作水平，提高语文素质。

（一）审题上的比较

审题，就是审查题意，研究命题中的含义以及意图。对审题的思维过程，往往是立意。

审题立意是学生正式进入写作前的思考过程，这一关决定着整个写作的成败。因为学生受思想能力以及知识水平等的限制，传统的习惯性思维定式使得他们很难辨明题意，不能正确领会命题的动机，不能准确把握命题的写作重点、写作范围以及写作要求，更别说产生独特的思维结果了。审题上的比较，通常可以使同一题目的作文有多种写作点，也可以使同一题目有多种体裁的写作方法。

首先，要选准读写训练的出发点、联系点。当然，要求较为复杂的也可先分解，即片段训练，再综合成篇习作，这样有利于学生由浅入深地进行写作训练，或者通过课外阅读，根据阅读材料，或改写，或写感想等，这些都可以展开创造性思维，并进行再创造。

比如，在命题作文《猜》的习作讲评时，教师可以选择记叙文和议论文两种文体进行比较审题立意的点。如果是记叙文，可以写"猜"的过程或结果；如果是议论文，则可以从不同角度评论，即"猜是一种心理""猜是一种习惯""猜是一种能力"等，还可以从不同感受写猜的欣喜、痛苦等。然后，由学生自己的习作出发，比较不同文体的审题立意侧重点，并进行换体裁再次写作。

2.相近题不同立意的比较

如果经常比较相近或相关的作文题目，那么就能很好分辨不同题意的特点，认准题意侧重点，掌握各项写作要求。

比如，以《我学会了》为题，假如孤立地分析作文题意，那么就容易出现偏差。如果与《我第一次》这个命题相比较来审题，那么就不难理解题意。两个命题都是以第一人称作为叙述方式，但前者更强调的是别人的指导与教诲，重在写学习向往、练习的艰苦以及学会后的喜悦，而后者则着重写第一次的特有感受，这个第一次既可以是成功喜悦，也可以是失败教训。

为了让学生认识比较的重要性，笔者让学生对《转角遇见美》与《烟花灿烂》进行比较。两篇文章的内容都是描写与烟花有关的事，前一篇是写作者看烟花所经历过的迂回曲折过程，作者通过艰难摸索，终于选择了一个最好的角度，欣赏到最美的烟花，从而悟出"人生也是这样，一切快乐、幸福、美好的感觉，完全取决于我们认识事物的合适角度"这样的道理；后一篇写作者春节看烟花的往事，主要描写烟花对节日喜庆气氛的烘托，抒发作者心中的喜悦之情。通过对两篇文章的比较，学生便很容易总结出两篇文章主题的不同之处，即《转角遇见美》是通过平凡的小事，悟出人生的哲理，文章主题深刻，描写角度很有新意；《烟花灿烂》主要是抒发作者的喜悦之情，立意比较普通。经过比较引导，学生们对文章立意就有了深刻理解，也很好认识到"参与生活，感受生活，跳出生活"对写作的意义。

在作文的审题中进行比较法教学，从所写作事物的某一点出发，向四面八方展开联想，多方位地试探，多角度地思考，多层次地求索，可以发展学生的求异思维，促使学生在审题立意时进行多角度、多侧面、多层次的分析，寻求新的构思，发前人所未发的议论，立意新颖，避免人云亦云。

因此，审题时应该提醒学生多比较，择优而作，这样才对提高作文质量有益处。

（二）选材上的比较

所谓选材，也就是选取题材，要解决写什么的问题。选材上的比较，就是为了表达同一主题进行多种材料的筛选，或者也可以是同一材料运用多种要求习作。

1.多种材料的筛选

清代著名学者王夫之在《夕堂永日绪论内编》中说过："意犹帅也。"选材的依据是心中表达的需要，这是建立在长期观察与阅读积累的基础上的。通过相近材料的比较，根据求异或求同的思维途径，在现有材料的基础上，发挥想象、联想，拓展思维的广度和深度，从不同的角度思考，另辟蹊径，立异标新。

2.同一材料多种要求习作

如果能在构思时将经过挑选的材料进行灵活的排列与组合，再对其内容、风格、结构进行比较，权衡利弊，就能收到事半功倍的良好效果。修改作文是写作中的最后步骤，也是非常重要的一步。所谓"文章是改出来的"，这句话很有道理。所以，在对材料进行比较后，第二次习作的要求可以更改为要求学生把自己作文的原稿与修改稿进行比较，将这些材料用不同的表达方式组合成文。学生在修改稿中，将顺叙改为倒叙，或者是插叙，或是运用由果溯因的手法，对几个事例进行回忆，力求多种布局，然后再比较优劣。这样的文稿修改可以更好地使文章达到一定的深度与广度。所谓"文似看山不喜平"，多种构思布局，才能通过反复比较，使作文引人入胜。

比材料、追求选材的新鲜与独特是写好作文最基本也是最重要的条件。由于学生们的生活空间有限，因此他们常常感到很难找到新鲜事可写。而通过比较法，往往能写出富有特色与个性的作文。同时，在选定材料后还要深入地比较材料，并进行重新组合。这样经过打磨的文章，能有效避免平铺直叙、结构松散、缺少起伏变化的弊病。同时，一材多作有助于学生区别文体特征，也有助于学生养成在比较中认识事物、发展思维的良好习惯。

在高中，语文教学要求多采用各种形式的比较法，这样不仅有利于衔接新旧知识、沟通事物关系，而且可以培养学生的良好学习方法。

　　现代教育心理学认为，学习任何言语信息的教学，其中最重要的特点就是为这项信息提供联系的，或者是可以配合的更有意义的各种知识。而比较法正是遵照这一原理去实践的。在教学实践中，学生进行横纵比较，能够进行读书鉴赏，领略写作的要点。

　　总之，比较法的实施，既能有效调动学生的积极性，开发学生的学习兴趣，又能培养与提高学生发现问题、分析与解决问题的综合能力，有利于帮助学生深入理解与掌握课文，有利于帮助学生找到更好的学习方法，激发他们求同辨异的思维能力，养成综合分析思维的习惯。

参考文献

[1] 侯丹.大学语文创新教育研究［M］.长春：吉林人民出版社，2018.

[2] 孙英凤.高中语文教学与写作研究［M］.北京/西安：世界图书出版公司，2017.

[3] 何国跻，王亚生，陈姝睿.高中语文有效教学系统构建［M］.长春：吉林大学出版社，2019.

[4] 宋学婷.高中语文教学内容的整合运用研究［M］.长春：吉林人民出版社，2019.

[5] 高杰.我的高中教学［M］.长春：吉林人民出版社，2019.

[6] 朱香平.高中语文教学思考与实践［M］.福州：福建教育出版社，2020.

[7] 荣编：付宜红.基于核心素养的高中语文教学［M］.重庆：西南师范大学出版社，2021.

[8] 倪文锦，曹明海.语文教学反思论［M］.济南：山东教育出版社，2021.

[9] 杨欧婷.基于语文学科大概念的高中语文教学研究［D］.华东师范大学，2022.

[10] 何永青.高中语文与新时代德育融合的探索［J］.广西教育，2022（20）：31-33.

[11] 刘美琼.基于深度学习的高中语文戏剧教学研究［D］.广西师范大学，2022.

[12] 沈丽玲.高中语文学习任务群研究述评［J］.教学与管理，2022（27）：67-71.

[13] 夏天然.高中语文诗歌群文阅读教学研究［D］.集美大学，2022.

[14] 王俊茹.部编版高中语文古诗文典故教学研究［D］.集美大学，2022.

[15] 龚青铧.高中语文教学融入传统文化培育学生核心素养的探究［J］.中

国教育学刊，2022（S1）：169-171.

[16] 朱嘉鼎.高中语文"知识点切片"教学实践与探索［J］.甘肃教育研究，2022（09）：33-36.

[17] 汪春发."双减"背景下高中语文课堂创新教学的探索［J］.成才之路，2022（26）：77-80.

[18] 李娟芳.高中语文情境任务创设的实践思考研究［J］.新课程，2022（42）：188-190.

[19] 张学娇.提升高中语文朗读教学有效性的策略研究［J］.新课程，2022（42）：9-11.

[20] 王芹.基于实例分析的高中语文教学研究——评《高中语文教学思考与实践》［J］.语文建设，2022（15）：86.

[21] 刘建雄.高中语文教学研究性学习方法的可行性分析［J］.课外语文，2022（04）：14-16.

[22] 周文霞."互联网＋"时代的中高职院校大学语文教育改革创新浅议［J］.新教育时代电子杂志：教师版，2016（10）.

[23] 弭良满.大学语文教学中优秀传统文化教育的创新研究［J］.语文学刊，2017（5）.

[24] 卢建飞，徐旭红.多维视角创新高等教育大众化背景下的大学语文教育［J］.文教资料，2016（34）.

[25] 卢建飞，赖浩明.困境与出路：新形势下大学语文教育改革创新若干问题的思考［J］.科技风，2016（16）.

[26] 姜明坤.以"中国梦"引领新媒体时代大学语文专业学生思政教育创新的思考［J］.中外交流，2017（48）.

[27] 徐博文.创新创业教育在高职院校大学语文教学中的渗透［J］.课外语文，2016（18）.

[28] 王天一.大学语文教育的创新发展［J］.考试周刊，2017（104）.

[29] 陈红霞.针对积极语用的大学语文教学改革的研究［J］.课程教育研究，2017（18）.

[30] 刘福珍.大学语文通识课教学发展与创新研究［J］.课程教育研究，2017（44）.

[31] 叶红生.大学语文课堂教学创新化研究［J］.教育，2016（12）.

[32] 张秀娟.高职艺术院校大学语文课程教学创新研究［J］.北方文学，2017（12）.

[33] 崔娟.党校大学语文教学改革创新探索［J］.产业与科技论坛，

2018（8）.

[34] 刘玥．论述大学语文应用文写作教学创新［J］．文化创新比较研究，2018（6）.

[35] 陈建清．基于地域文化的大学语文教学改革研究［J］．西部素质教育，2017，3（7）.

[36] 吴峰敏，刘金凤．论新形势下的军校大学语文课程教学改革创新［J］．高等教育研究，2016，39（3）.

[37] 张文剑．探索大学语文教学中思想政治教育的新途径［J］．留学生，2016（3X）.

[38] 裴婷婷．翻转课堂在大学语文教学改革中的影响与创新［J］．电脑迷，2018（2）.

[39] 刘仕婉．基于人文素质能力培养的大学语文教学改革研究［J］．长江丛刊，2017（21）.

[40] 王天一．大学语文教育在高校教育教学中的功能和定位研究［J］．考试周刊，2017（A2）.

[41] 徐中玉，齐森华．大学语文［M］．华东师范大学出版社，2001.

[42] 王步高，丁帆．大学语文［M］．南京大学出版社，2003.

[43] 陈洪．大学语文［M］．高等教育出版社，2005.

[44] 邵子华．大学语文教育学［M］．人民文学出版社，2016.

[45] 刘永康．语文创新教育研究［M］．四川大学出版社，2000.

[46] 王倩．语文创新阅读教学初探［D］．华中师范大学，2001.

[47] 杨云芳．语文创新教学谈［J］．浙江师范大学学报（社会科学版），2001（2）.

[48] 曹韵红．对语文创新教育原则的几点思考［J］．湖南大众传媒职业技术学院学报，2002（2）.

[49] 沈海燕，郭广俊．关于语文创新教育实践的思考［J］．安徽电子信息职业技术学院学报，2004（4）.

[50] 乔晖．论创新教育与语文教师的职业技能［D］．扬州大学，2004.

[51] 陈洪．大学语文教师手册［M］．高等教育出版社，2016.

[52] 陈洪，李瑞山．大学语文拓展读本［M］．高等教育出版社，2016.

[53] 夏青．系统思维视角下高中语文主题单元教学研究新校园旬刊，2015（3）：51.

[54] 许尧."少教多学"思想指导下如何将单元教学运用于高中语文自主学习．文教资料，2014（17）：149-150.

［55］纪恬．系统思维视角下的高中语文主题单元教学研究［D］．济南：山东师范大学，2014．

［56］潘燕．比较法在高中语文教学中的实施研究［D］苏州：苏州大学，2014．

［57］杨小微．教育研究方法［M］．北京：人民教育出版社，2005．

［58］曹明海，田瑞云．语文课程与教学论［M］．山东：山东人民出版社，2005．

［59］王崧舟．诗意语文：王崧舟语文教育七讲［M］．上海：华东师范大学出版社，2008．

［60］武永明．中学语文教学论［M］．北京：北京师范大学出版社，2011．

［61］周仁康．语文教学反思新论［M］．北京：国家行政学院出版社，2013．

［62］王富仁．语文教学与文学［M］．广州：广东教育出版社，2012．

［63］李佩英．传统文化与语文教学［M］．北京：红旗出版社，2012．

［64］郑桂华，语文教学的反思与构建［M］．北京：商务印书馆，2012．

［65］李瑛主．中学语文教学论［M］．南宁：广西民族出版社，2013．

［66］张良田．初中语文教学策略［M］．北京：北京师范大学出版社，2010．

［67］沈继亮．中学语文教育心理学［M］．北京：中国社会科学出版社，2013．

［68］程红兵．新时期与我教学工作的探索与实践［M］．苏州：苏州大学出版社，2014．

［69］詹丹，李翔宇，贾伟杰等，语文教学的批评与反批评［M］．北京：中国书籍出版社，2014．

［70］马振清．语文教学改革与实践问题研究［M］．北京：国家行政学院出版社，2014．

［71］辛继湘．语文课堂管理策略［M］．北京：北京师范大学出版社，2014．